Leuchtende Botschaft

Glasfenster erzählen die Bibel

LEUCHTENDE BOTSCHAFT

Glasfenster erzählen die Bibel

Herausgegeben von Tim Dowley

Fotos von
Sonia Halliday und Laura Lushington

Deutsche Bibelgesellschaft

Die Fenster

ALTES TESTAMENT

Gott, der Architekt des Weltalls
Kloster Great Malvern   11

Schöpfung und Sündenfall
St. Florentin   12

Die Erschaffung Evas
St. Etienne in Mülhausen   13

Adam bestellt das Feld
St. Mary Magdalene in Mulbarton   14

Adam beim Hausbau
La Madeleine in Troyes   14

Das Opfer von Kain und Abel
All Saints in Middleton Cheney   16

Kain erschlägt Abel
Münster in Ulm   17

Die Arche Noah
Marienkirche in Köln-Kalk   18

Noah mit der Taube
Kathedrale in Lincoln   19

Der Turmbau zu Babel
St. Mary in Bishopsbourne   20

Der Turmbau zu Babel
St. Etienne in Mülhausen   21

Lots Frau sieht zurück
Kathedrale in Canterbury   22

Gottes Bund mit Abraham
Kloster Great Malvern   23

Isaaks Opferung
Kathedrale in Chartres   24

Abraham
Kathedrale in Canterbury   25

Die Himmelsleiter
Wragby   26

Josef in der Zisterne
Begbroke   27

Der Mundschenk vor dem Pharao
Kathedrale in Wells   29

Die Auffindung Moses
Kloster Great Malvern   30

Der brennende Dornbusch
Westfälisches Landesmuseum in Münster   31

Der Durchzug durchs Rote Meer
Kathedrale in Lincoln   32

Manna vom Himmel
Kloster Great Malvern   33

Mose auf dem Berg Sinai
Münster in Ulm   34

Das Goldene Kalb
Great Witley   35

Die Rückkehr der Kundschafter
Marston Bigot   36

Mose und Josua
St. Lorenz in Nürnberg   37

Bileams Eselin
St. Mary in Shrewsbury   38

Die Mauern von Jericho
Kathedrale in Lincoln   39

Gideon und das Vlies
Frauenkirche in Esslingen   40

Simson und der Löwe
St. Etienne in Mülhausen   40

Simson trägt die Torflügel von Gaza
Kathedrale in Chartres   41

Eli und der junge Samuel
Kathedrale in Lincoln   42

Der junge Samuel wird zu Eli gebracht
Kathedrale in Canterbury   43

Saul wirft den Speer auf David
St. Etienne in Mülhausen   44

Das Ende König Sauls
Kathedrale in Chartres   45

Die Wurzel Jesse
Kathedrale in Chartres   47

David und Goliat
Christ Church-Kathedrale in Oxford   48

David und Goliat
St. Peter Mancroft in Norwich   49

Michal verhilft David zur Flucht
Kathedrale in Canterbury   50

Michal verhilft David zur Flucht
St. Etienne in Mülhausen   50

König David
St. Dyfnog in Llanrhaeadr   51

König David
Westfälisches Landesmuseum in Münster   51

Salomo und die Königin von Saba
St. Johann in Gouda   53

Warnung an König Jerobeam
Kathedrale in Canterbury   54

König Rehabeam
Kathedrale in Canterbury   55

Elias Himmelfahrt
Westfälisches Landesmuseum in Münster   56

Elia und Elisa
University College in Oxford   57

Der Prophet Jesaja
Kathedrale in Exeter   58

Daniel in der Löwengrube
St. Etienne in Mülhausen   58

Die drei Männer im Feuerofen
Hessisches Landesmuseum in Darmstadt   59

Offenbarung durch einen Engel
St. Mary in Shrewsbury   61

Jona wird über Bord geworfen
Kathedrale in Canterbury   62

Jona und der große Fisch
St. Etienne in Mülhausen   63

NEUES TESTAMENT

Der thronende Christus
Kathedrale in Canterbury   65

Der Evangelist Matthäus
St. Neot in Cornwall   66

Der Evangelist Markus
St. Neot in Cornwall   66

Der Evangelist Lukas
St. Neot in Cornwall   67

Der Evangelist Johannes
St. Neot in Cornwall   67

Maria bei Elisabeth
Münster in Freiburg i. Br.   68

Die Ankündigung der Geburt Jesu
Kapelle auf Castle Howard   69

Die Reise nach Bethlehem
Notre-Dame-en-Vaux in Châlons-sur-Marne   70

Die Geburt Jesu
Kathedrale in Toledo   70

Die Geburt Jesu
Dom in Florenz   71

Die Geburt Jesu
Münster in Ulm   71

Die Verkündigung an die Hirten
Notre-Dame-en-Vaux in Châlons-sur-Marne   72

Die Anbetung der Hirten
St. Peter Mancroft in Norwich   73

Die drei Könige auf dem Weg
Kathedrale in Canterbury   74

Die Anbetung der drei Könige
Dom in Köln   75

Der Traum der drei Könige
Kathedrale in Canterbury   76

Der Kindermord in Bethlehem
Notre-Dame-en-Vaux in Châlons-sur-Marne   77

Die Flucht nach Ägypten
Münster in Freiburg i. Br.   78

Die heilige Familie bei der Arbeit
Nowton   79

Elisabeth und Johannes der Täufer
St. Martin in Brampton   80

Madonna mit Kind
St. Michael and All Angels in Eaton Bishop   81

Der zwölfjährige Jesus im Tempel
St. Johann in Gouda   82

Die Taufe Jesu
All Hallows in Allerton   83

Die erste Versuchung Christi
Victoria and Albert Museum in London   84

Die zweite Versuchung Christi
Victoria and Albert Museum in London   85

Liste der Fenster

Die Berufung von Petrus und Andreas Lèves	86	
Die Stillung des Sturms Dom in Köln	87	
Die Bergpredigt St. Peter Mancroft in Norwich	89	
Die Hochzeit in Kana Kathedrale in Canterbury	91	
Die Speisung der Fünftausend Victoria and Albert Museum in London	92	
Die Speisung der Fünftausend St. Pierre in Dreux	93	
Die Heilung eines Blinden Lancaster	94	
Der sinkende Petrus Hessisches Landesmuseum in Darmstadt	95	
Das Gleichnis vom Fischnetz St. Nicholas in Hillesden	96	
Das verlorene Schaf St. Nicholas in Hillesden	97	
Der verlorene Sohn bei den Schweinen Tucherhaus-Museum in Nürnberg	98	
Die Heimkehr des verlorenen Sohnes St. Nicholas in Hillesden	99	
Der barmherzige Samariter St. Margaret and St. Andrew in Littleham	100	
Der barmherzige Samariter Kathedrale in Chartres	101	
Das Gleichnis vom Unkraut St. Nicholas in Hillesden	102	
Das Gleichnis vom Sämann Kathedrale in Canterbury	103	
Die Verklärung La Madeleine in Vermeuil	105	
Eine Sünderin salbt Jesus Llanwenllwyfo	106	
Jesus und die Ehebrecherin Kathedrale in Arezzo	107	
Der Einzug in Jerusalem Münster in Straßburg	108	
Der Einzug in Jerusalem Münster in Ulm	109	
Die Tempelreinigung Kathedrale in Arezzo	110	
Das Abendmahl St. Maria zur Wiese in Soest	110	
Die Fußwaschung St. Lorenz in Nürnberg	111	
Die Bezeichnung des Verräters Münster in Freiburg i. Br.	112	
Jesus im Garten Gethsemane Chapelle Royale in Dreux	112	
Jesus im Garten Gethsemane Münster in Ulm	113	
Die Gefangennahme Llanwenllwyfo	114	
Jesus vor Herodes Münster in Ulm	115	
Jesus vor Kaiphas St. Mary in Stoke d'Abernon	116	
Jesus vor Pilatus Dom in Köln	117	
Die Geißelung Jesu Dom in Köln	118	
Die Verspottung Jesu durch die Soldaten La Madeleine in Vermeuil	118	
Die Verspottung Jesu durch die Juden La Madeleine in Troyes	119	
Petrus verleugnet Jesus Münster in Ulm	120	
Petrus verleugnet Jesus Kathedrale in Salisbury	121	
Jesus trägt sein Kreuz Coignières	122	
Simon von Kyrene St. Johann in Gouda	123	
Die Soldaten würfeln um Jesu Kleider Dom in Köln	124	
Die Kreuzigung Klosterkirche in Königsfelden	125	
Die Annagelung ans Kreuz St. Mary in Stoke d'Abernon	125	
Die Kreuzigung Llanwenllwyfo	126	
Die Kreuzigung St. Michael and All Angels in Eaton Bishop	127	
Die Kreuzabnahme Dom in Florenz	128	
Die Grablegung Rivenhall	129	
Die Auferstehung Klosterkirche in Königsfelden	130	
Die drei Frauen auf dem Weg zum Grab La Madeleine in Troyes	131	
Maria Magdalena begegnet Jesus Llanwenllwyfo	132	
Der ungläubige Thomas St. Mary in Fairford	133	
Der Weg nach Emmaus Hessisches Landesmuseum in Darmstadt	134	
Das Abendmahl in Emmaus St. Pierre in Dreux	135	
Der wunderbare Fischzug Bradfield College	136	
Der wunderbare Fischzug St. George in Georgeham	137	
Christus beauftragt Petrus Coignières	138	
Christus beauftragt Petrus St. Chad in Prees	139	
Die Himmelfahrt Münster in Freiburg i. Br.	140	
Die Himmelfahrt Kathedrale in Le Mans	141	
Das Pfingstwunder Münster in Ulm	142	
Das Pfingstwunder St. Johann in Gouda	143	
Petrus heilt einen Gelähmten Great Witley	145	
Petrus wird aus dem Gefängnis befreit Kathedrale in Lincoln	146	
Die Bekehrung des Paulus Kathedrale in Lincoln	146	
Paulus entkommt aus Damaskus Münster in York	147	
Paulus im Gefängnis St. Mary Magdalene in Mulbarton	148	
Der Apostel Paulus Kathedrale in Canterbury	149	
Die vier apokalyptischen Reiter St. Florentin	150	
Der Höllenrachen Kathedrale in Bourges	151	
Das Jüngste Gericht Fairford	152	
Das Jüngste Gericht Fairford	153	

Vorwort

Die Glasmalerei ist eine der faszinierendsten Formen der bildenden Kunst. Farbige Glasfenster üben auf den Betrachter einen besonderen Reiz aus, weil hier die Wirkung des Lichtes die Farbwirkung verstärkt und die Farben auf eine oft zauberhafte Weise zum Leuchten bringt.

Die Blütezeit der Glasmalerei war das hohe Mittelalter. Im gotischen Kirchenraum mit seinem dem Himmel zugewandten Streben ist die Durchbrechung der Wand, ihre Öffnung für den vielfarbigen Lichteinfall, ein konstitutives Element der Bauidee. Ebenso wie die Bemalung der Wände erfolgte die Ausschmückung des Kirchenraumes mit farbigen Fenstern nicht nach dekorativen Gesichtspunkten, sondern in einer Fülle von Bildern, die den Menschen das Heilsgeschehen anschaulich vor Augen führten, das auch die Grundlage der in diesen Räumen gefeierten Gottesdienste bildet. Leben und Lehre, Tod und Auferstehung Jesu Christi, ihre Vorgeschichte seit der Erschaffung der Welt, das Jüngste Gericht und die Vision der kommenden Vollendung werden in eindringlichen Bildern und Bildzyklen dargestellt. In den folgenden Jahrhunderten bis in unser eigenes hinein haben Glasmaler immer wieder an diese große Tradition angeknüpft.

Es entspricht der ursprünglichen Absicht der Glasmalkunst, wenn ihre Werke in diesem Band einmal nicht nach Stätten und Stilrichtungen, sondern nach den dargestellten Inhalten, als Beitrag zur Illustration der biblischen Heilsgeschichte, zusammengestellt sind. Liebhaber der Glasmalerei bekommen dadurch zugleich einen Überblick über die ganze Bibel und eine Hilfe zum Verständnis der Bildinhalte, die ihnen beim Besuch berühmter und weniger berühmter Kirchen immer wieder begegnen. Für nicht so »bibelfeste« Zeitgenossen oder auch bei unbekannteren biblischen Motiven bietet der Band einen Schlüssel zum Verständnis des Dargestellten. Mit der Gegenüberstellung der Bilder und der ihnen jeweils zugrundeliegenden Bibeltexte bildet er einen »Kunstführer« ganz eigener Art, der zu Entdeckungen auf den abgebildeten Glasmalereien anleitet und zu Entdeckungsreisen in heimische und fremde Kirchen einlädt. Nicht zuletzt bietet der Band einen originellen Zugang zum »Buch der Bücher«, welches die Kultur und Geschichte Europas durch Jahrhunderte mitgeprägt hat und dessen Botschaft auch für die nach Sinn suchenden Menschen unserer Zeit wegweisend werden kann.

Die Bibeltexte sind nach der Übersetzung Martin Luthers wiedergegeben, und zwar in der 1984 abgeschlossenen revidierten, der Sprachentwicklung vorsichtig angepaßten Form. Aus Raumgründen sind die Texte zum Teil gekürzt; das Verzeichnis der Bibeltexte im Anhang gibt darüber Rechenschaft. Es dient darüber hinaus der schnellen Orientierung, wenn jemand ein Bildmotiv zu einem bestimmten Bibeltext sucht. Wo der Text zu einem Bild aus Platzmangel nicht abgedruckt werden konnte, ist in der Bildlegende auf die entsprechende Bibelstelle verwiesen. Im Anhang findet sich außerdem ein Register der Fundorte und der wenigen namentlich bekannten Künstler.

Einführung

Glasmalkunst

Die Anfänge

Im Altertum war die Kunst der Glasmalerei noch unbekannt. Man kann wohl sagen, daß es sich hier um eine spezifisch christliche Kunstrichtung handelt, die sich in enger Beziehung zur architektonischen Entwicklung des Kirchenraums entfaltet hat.

Über die Ursprünge der europäischen Monumental-Glasmalerei gibt es nur Vermutungen. Diese beziehen sich auf Entwicklungen in der römischen Spätantike und zur Zeit des frühen Islam im Vorderen Orient. In der römischen Antike waren Fensterverglasungen zum Schutz gegen die Witterung durchaus bekannt. Dabei wurden die Glasstücke durch Bleiruten zusammengehalten. Diese Technik war nur zweckbestimmt und ohne jeden künstlerischen Anspruch. Wie sich die Bleieinfassung der zunächst noch ungefärbten Scheiben zu einer eigenständigen künstlerischen Form entwickelt hat, ist unbekannt. Auch die in diesem Zusammenhang aufgestellte These, daß die Goldschmiedekunst mit ihrer Technik der Einfassung von Juwelen bei der künstlerischen Weiterentwicklung Pate gestanden hat, ist ungesichert.

Kleine *bunte* Scheiben finden wir zuerst in ornamental gestalteten Fenstergittern eines omajadischen Wüstenschlosses im Vorderen Orient (gebaut in der ersten Hälfte des 8. Jahrhunderts). Eine Verbindungslinie von dieser Buntverglasung zu den europäischen Bildfenstern ist rein hypothetisch, gilt jedoch als wahrscheinlich. Um die farbigen Scheiben gegen die Witterung zu schützen, entwickelte man schließlich ein Einschmelzverfahren. Dieses beruht auf dem niedrigeren Schmelzpunkt des sogenannten Bleiglases im Vergleich zum Grundglas. Das Bleiglas wurde zerstoßen und zur Farbgebung mit einem pulverisierten Metalloxyd (Eisen oder Kupfer) versetzt. Beim Schmelzen lief diese flüssig gewordene Masse in das nur erweichte Grundglas ein. Diese Technik wurde im wesentlichen über die Jahrhunderte bis heute beibehalten.

Josef in der Grube; Kathedrale, Chartres.

Es gilt als gesichert, daß im europäischen Raum Farbglasfenster nicht vor 685 auftreten (Scherben in Jarrow, Nordost-England, datiert zwischen 685–800). Ähnlich schwankend (zwischen dem 9. und 10. Jahrhundert) ist die Datierung für den Lorscher Kopf, der übrigens erst 1932 in Fragmenten entdeckt wurde. Der Christuskopf aus Weißenburg im Elsaß wird in die 2. Hälfte des 11. Jahrhunderts datiert, während für das Prophetenfenster in Augsburg als wahrscheinliche Datierung um 1130 angenommen wird.

Gotische Kirchen

Sind schon die frühen Glasfenster aus romanischen Abteien, wie die obengenannten Beispiele belegen, von beeindruckender Schönheit, so erreicht mit dem Heraufziehen der Gotik die Glasfensterkunst ihren Höhepunkt. Die große gotische Kathedrale des mittelalterlichen Europa mit ihrer durchbrochenen Wandstruktur verlangte geradezu nach Glasfenstern: in den Seitenschiffen und Obergaden, in den Querschiffen, den hohen Ostfenstern im Chor und der großen Rose über dem Westportal. Die immer kühner werdende Auflösung der Wand bedingte mehr und mehr Glasfenster, so daß schließlich die Weite des Kirchenraumes von einem mystischen Licht durchflutet wurde. Die jetzt entstehenden Bildfenster spiegeln in ihren Bildmotiven in nie dagewesener Weise christliches Glaubensgut. Die danach allmählich einsetzende Veränderung des Selbstverständnisses des Menschen und der damit verbundene Wandel im Architekturstil leitete den Niedergang der Glasfensterkunst ein, die jedoch bis ins 19. Jahrhundert hinein weitergepflegt wurde. Heute, im 20. Jahrhundert, bietet die moderne Architektur mit ihren Elementen aus Stahl und Ei-

Noah baut die Arche, Ausschnitt; Kathedrale, Chartres.

Einführung

senbeton ein angemessenes neues Betätigungsfeld für den Glaskünstler unserer Tage.

Glas und Licht

Die Einzigartigkeit der monumentalen Glasmalerei besteht darin, daß in ihr das Sonnenlicht als künstlerisches Ausdrucksmittel bewußt eingesetzt wird; denn der Glasmaler berücksichtigt nicht nur die Farbe des Glases an sich, sondern auch die Wirkung, die das einfallende Sonnenlicht verursacht. Seine Kunst wird so gleichsam ein Malen mit Licht.

Biblische Geschichten auf Glasfenstern

Von den frühesten Beispielen bis heute zeigen die Glasfenster in Kirchen bevorzugt biblische Themen. Dennoch dürfen die zahlreichen Ausnahmen nicht unerwähnt bleiben: die Darstellung von Heiligen, Märtyrern, örtlichen Stiftern oder Gedächtnisfenster für Familienangehörige oder im Krieg Gefallene. Die Auswahl der biblischen Themen erfolgte nicht willkürlich. Trotz der Absicht, durch die Glasfenster eine »mystische« Stimmung zu erzeugen, wurden diese doch zugleich als ein anschauliches Medium zur christlichen Unterweisung eingesetzt. Wir wissen, daß im Mittelalter die Menschen größtenteils nicht lesen und schreiben konnten. Zu der lateinischen Messe, wie sie in den Kirchen zelebriert wurde, werden sie nur schwer einen Zugang gefunden haben. Vielleicht blieben einzelne lateinische Wörter im Gedächtnis haften, die dann wenigstens einen Überblick über den Verlauf des Gottesdienstes ermöglichten. So war die Bildersprache der Glasfenster ein willkommenes Mittel, den Kirchenbesuchern christliches Glaubensgut zu vermitteln.

Die Auswahl der biblischen Geschichten erfolgte nicht nur unter dem Gesichtspunkt der Heilsgeschichte, sondern auch in der Erwartung, daß die Betrachter ihre Lebensführung an deren Botschaft ausrichten würden. In den Geschichten von der Zerstörung Sodoms, dem Brudermord an Abel, der Sintflut, wurden furchterregende Drohungen dargestellt. Andere Fenster zeigen die Propheten des Alten Testaments. Sie wurden als Herolde verstanden, die Jesu Geburt, Auftrag und Tod voraussagten. Ein anderes beliebtes Thema war die »Wurzel Jesse«, eine bildliche Darstellung der Abstammung Jesu aus dem Geschlecht Davids.

Heilsgeschichtliche Parallelen

In der mittelalterlichen Glasmalerei wird das Groteske und Furchterregende wieder und wieder dargestellt, besonders in den Darstellungen des Jüngsten Gerichtes mit den Qualen der Hölle als War-

Gabriel Loire in seinem Atelier in der Nähe von Chartres bei der Arbeit an einem Karton für ein Fenster der Kirche von Coignières.

Rose aus dem 13. Jahrhundert, Nordseite; Notre Dame, Paris.

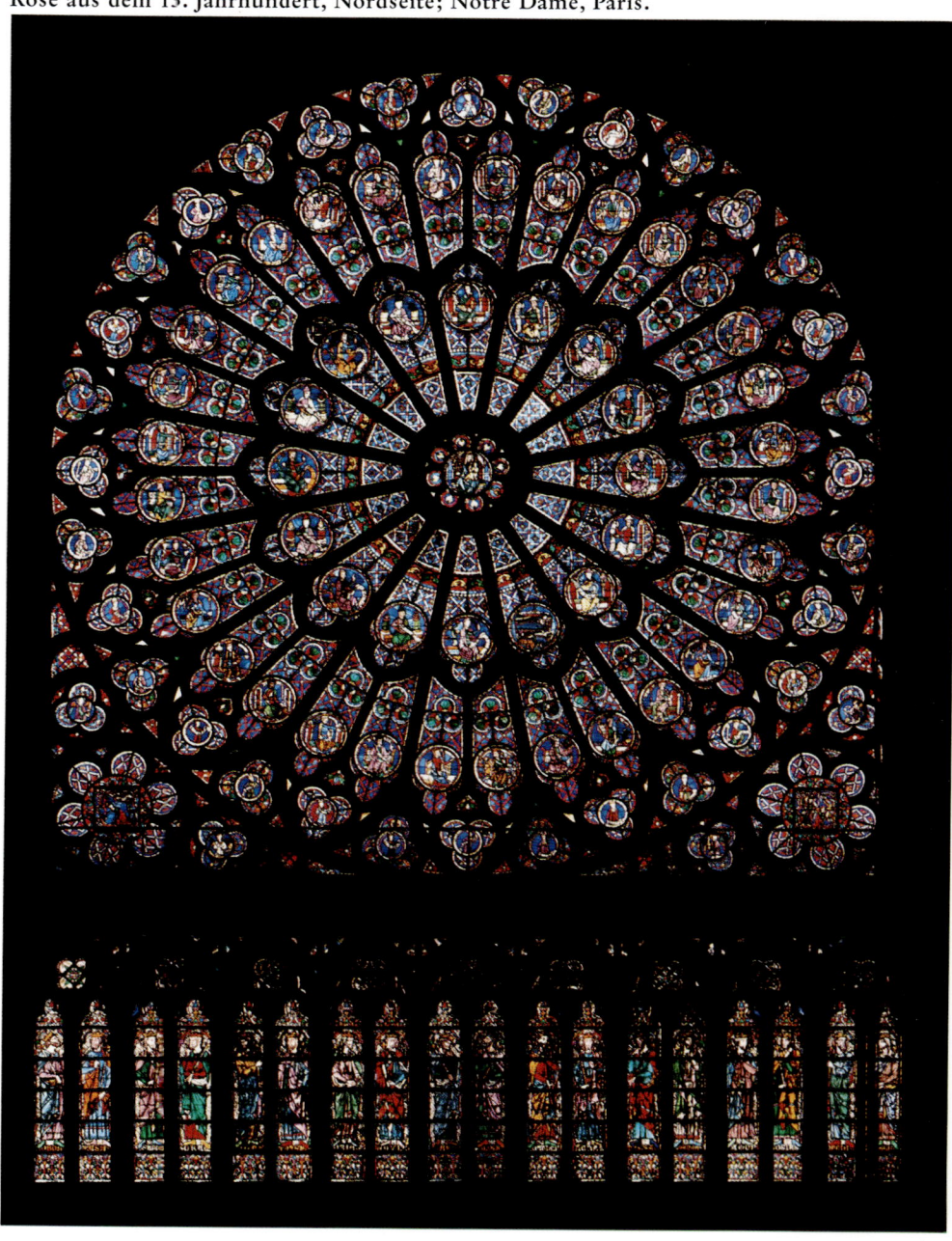

Einführung

Gabriel Loire bei der Arbeit an dem Karton »Auftrag an Petrus« (s. Seite 138).

Passions- und Apokalypse-Fenster;
Kathedrale, Bourges.

Wie die gedruckten »Armenbibeln« (Biblia Pauperum) haben diese Fenster ihren Namen von den Bettelmönchen (Pauperes = die Armen), die in ihren Predigten dem Volk die Zusammenhänge der Heilsgeschichte anhand solcher Bilder erläuterten.

Im mittelalterlichen Jahreslauf spielten die kirchlichen Feste eine große Rolle. Dies fand auch seinen Niederschlag in der Glasmalerei. Das Bildprogramm der Fenster konnte über die Bedeutung eines Festes aufklären, und zu gegebener Zeit war dann dieses Fenster ein besonderer Anziehungspunkt für die Gläubigen. Feste wie Weihnachten, Ostern, die Ankündigung von Jesu Geburt und Palmsonntag wurden gerne von den Glasmalern aufgegriffen und nach dem biblischen Text illustriert.

Bildtradition und Vorlagen

Die Annahme, der mittelalterliche Künstler verließe sich allein auf seine eigene Vorstellungswelt, ist irrig. Viele Anregungen erhielt er von der reichhaltigen Illumination der Handschriften, die in den klösterlichen Bibliotheken des Mittelalters entstanden. Es gibt Glasfenster, die ihren kleinformatigen Buchvorlagen so ähnlich sind, daß man annehmen könnte, sie stammten von der Hand desselben Künstlers. Für seinen Entwurf benötigte der mittelalterliche Glasmaler Pergament. Dieses stand ihm nur in begrenzter Menge zur Verfügung. So erklärt es sich, daß Gestalten oft wiederholt wurden, vielleicht nur seitenverkehrt, oder Männer frauliche Züge bekamen und umgekehrt. Mit dem Aufkommen des Papiers wurde die Palette der Vorlagen größer, die dann von Generation zu Generation weitergereicht wurden. Kontinuität und Tradition nämlich besaßen in der mittelalterlichen Gesellschaft einen besonderen Wert; deshalb liegt auch dem mittelalterlichen Künstler der Gedanke fern, daß Originalität ein Wert an sich ist.

Sichtbare Predigt

Den heutigen Besucher beeindrucken die Glasfenster vor allem durch ihre Schönheit und das Geheimnisvolle, das von ihnen ausgeht. Für den mittelalterlichen Christen jedoch waren sie eine Quelle christlicher Belehrung, in deren Dienst die Ausgestaltung des Kirchenraumes gestellt war. In ihrem Bemühen, biblische Geschichten und Gestalten in farbkräftigen Bildern darzustellen, haben die Künstler in ihren besten Arbeiten Werke geschaffen, welche die Raumwirkung der mittelalterlichen Kirchen ins Geheimnisvolle steigern und dem Betrachter oder Gottesdienstteilnehmer die Glaubenswahrheit einprägsam vor Augen stellen.

Tim Dowley

nung der Sünder. Manchmal will es scheinen, als ob die Künstler geradezu Gefallen an der Darstellung abartiger Geschöpfe gefunden hätten.

Trotz aller zeitlichen Differenz ist diese Welt des Grotesken für uns heute noch eher zugänglich als die Darstellung der Beziehung zwischen Altem und Neuem Testament nach dem Schema von Verheißung und Erfüllung (Typus und Antitypus). Ereignisse des Alten Testaments (Typen) werden als vorweggenommene Parallelgeschichten des Neuen Testaments (Antitypen) verstanden. So wird z.B. die Geschichte von Jona, der von einem großen Fisch verschlungen und nach drei Tagen aus ihm befreit wird, in Zusammenhang gebracht mit Jesu Begräbnis und Auferstehung. Ähnlich sieht man in der Königin von Saba, die mit großen Geschenken zu König Salomo kommt, eine alttestamentliche Vorwegnahme des Erscheinens der Weisen aus dem Morgenland mit ihren Gaben Gold, Weihrauch und Myrrhe bei dem neugeborenen Jesuskind. Ein herausragendes Beispiel sind die sog. Armenbibel-Fenster in der Kathedrale von Canterbury.

Inhalt

DAS ALTE TESTAMENT

Die Schöpfung	12
Paradies und Sündenfall	14
Kain und Abel	16
Die Sintflut	18
Der Turmbau zu Babel	20
Gottes Bund mit Abraham	22
Isaaks Opferung	24
Die Himmelsleiter	26
Josef und seine Brüder	27
Josef deutet Träume	28
Berufung Moses	30
Durchzug durchs Meer	32
Die Zehn Gebote	34
Erkundung des Landes	36
Bileams Eselin	38
Die Mauern Jerichos	39
Gideon	40
Simson	41
Berufung Samuels	42
Saul und David	44
Das Ende Sauls	45
Die Wurzel Jesse	46
Davids Sieg über Goliat	48
David muß fliehen	50
David, König und Sänger	51
Die Königin von Saba	52
König Jerobeam	54
Elia und Elisa	56
Daniel in der Löwengrube	58
Die drei Männer im Feuerofen	59
Der Prophet Amos	60
Jona und der Fisch	62

DAS NEUE TESTAMENT

Verkündigung an Maria	68
Geburt Jesu	70
Die Hirten an der Krippe	72
Die Weisen aus dem Morgenland	74
Kindermord in Bethlehem	76
Rückkehr aus Ägypten	79
Johannes der Täufer	80
Der zwölfjährige Jesus	82
Jesus läßt sich taufen	83
Jesus wird versucht	84
Jesus und seine Jünger	87
Die Bergpredigt	88
Hochzeit in Kana	90
Speisung der Fünftausend	92
Jesus heilt einen Blinden	94
Der sinkende Petrus	95
Gleichnis vom Fischnetz	96
Gleichnisse vom Verlorenen	96
Der barmherzige Samariter	100
Gleichnisse von Saat und Ernte	102
Die Verklärung	104
Eine Sünderin salbt Jesus	106
Jesus und die Ehebrecherin	106
Einzug in Jerusalem	108
Tempelreinigung	110
Fußwaschung	111
Jesus betet in Gethsemane	112
Jesus wird gefangengenommen	114
Jesus vor Pilatus	117
Jesus wird verspottet	118
Petrus verleugnet Jesus	120
Auf dem Weg nach Golgatha	122
Kreuzigung	124
Jesus am Kreuz	126
Jesus und seine Mutter	126
Grablegung	128
Bewachung des Grabes	129
Das leere Grab	130
Maria Magdalena	133
Die Emmaus-Jünger	134
Der Auferstandene am See	136
Auftrag an Petrus	138
Himmelfahrt	140
Pfingstfest	142
Petrus heilt einen Gelähmten	144
Petrus im Gefängnis	146
Bekehrung des Paulus	147
Paulus im Gefängnis	148
Die apokalyptischen Reiter	151
Die neue Schöpfung	152

DAS ALTE TESTAMENT

Gott, der Architekt des Weltalls
Teil des Schöpfungsfensters aus dem 15. Jahrhundert,
südliches Seitenschiff des Chores, St. Anne's Chapel,
Kloster Great Malvern, Worcestershire, England.

In diesem ungewöhnlichen Bild – wahrscheinlich das einzige noch vorhandene Beispiel in England – wird der Schöpfer mit einem Zirkel dargestellt. Die übrigen drei Scheiben, die mit dieser zusammen die obere Reihe des Schöpfungsfensters bilden, zeigen die Erschaffung von Sonne, Mond und Sternen, von Vögeln und Fischen, von Wildtieren und Vieh. Die Fenster der Klosterkirche von Great Malvern gehören zu den schönsten Beispielen der Glasmalerei des 15. Jahrhunderts.

1. Mose/Genesis

DIE SCHÖPFUNG

Am Anfang schuf Gott Himmel und Erde. Und die Erde war wüst und leer, und es war finster auf der Tiefe; und der Geist Gottes schwebte auf dem Wasser. Und Gott sprach: Es werde Licht! Und es ward Licht. Und Gott sah, daß das Licht gut war. Da schied Gott das Licht von der Finsternis und nannte das Licht Tag und die Finsternis Nacht. Da ward aus Abend und Morgen der erste Tag.

Und Gott sprach: Es werde eine Feste zwischen den Wassern, die da scheide zwischen den Wassern. Da machte Gott die Feste und schied das Wasser unter der Feste von dem Wasser über der Feste. Und es geschah so. Und Gott nannte die Feste Himmel. Da ward aus Abend und Morgen der zweite Tag. Und Gott sprach: Es sammle sich das Wasser unter dem Himmel an besondere Orte, daß man das Trokkene sehe. Und es geschah so. Und Gott nannte das Trockene Erde, und die Sammlung der Wasser nannte er Meer. Und Gott sah, daß es gut war. Und Gott sprach: Es lasse die Erde aufgehen Gras und Kraut, das Samen bringe, und fruchtbare Bäume auf Erden, die ein jeder nach seiner Art Früchte tragen, in denen ihr Same ist. Und es geschah so. Und Gott sah, daß es gut war. Da ward aus Abend und Morgen der dritte Tag.

(1. Mose 1,1-13)

Die Erschaffung Evas ▷
Fenster aus dem 14. Jahrhundert, deutsch, Kirche St. Etienne, Mülhausen, Elsaß, Frankreich.

Mit der linken Hand hebt Gott die völlig ausgewachsene Eva aus dem Brustkorb des schlafenden Adam hervor; mit der rechten macht er das Segenszeichen über dem Menschenpaar. In der unteren rechten Bildecke befindet sich ein Zweig, wohl ein Symbol des Lebens.

Schöpfung und Sündenfall ▽
Schöpfungsfenster, Chorumgang, Kirche in St. Florentin, Burgund, Frankreich; 1525.

Der Schöpfergott trägt hier die dreifache Tiara des Papstes und den mit Juwelen besetzten Umhang. Die vier Scheiben zeigen oben das Schöpfungsgeschehen, unten den Sündenfall.

1. Mose/Genesis

PARADIES UND SÜNDENFALL

Und Gott der HERR nahm den Menschen und setzte ihn in den Garten Eden, daß er ihn bebaute und bewahrte. Und Gott der HERR sprach: Es ist nicht gut, daß der Mensch allein sei; ich will ihm eine Gehilfin machen, die um ihn sei. Und Gott der HERR machte aus Erde alle die Tiere auf dem Felde und alle die Vögel unter dem Himmel und brachte sie zu dem Menschen, daß er sähe, wie er sie nennte; denn wie der Mensch jedes Tier nennen würde, so sollte es heißen. Und der Mensch gab einem jeden Vieh und Vogel unter dem Himmel und Tier auf dem Felde seinen Namen; aber für den Menschen ward keine Gehilfin gefunden, die um ihn wäre. Da ließ Gott der HERR einen tiefen Schlaf fallen auf den Menschen, und er schlief ein. Und er nahm eine seiner Rippen und schloß die Stelle mit Fleisch. Und Gott der HERR baute ein Weib aus der Rippe, die er von dem Menschen nahm, und brachte sie zu ihm. Da sprach der Mensch: Das ist doch Bein von meinem Bein und Fleisch von meinem Fleisch; man wird sie Männin nennen, weil sie vom Manne genommen ist. Darum wird ein Mann seinen Vater und seine Mutter verlassen und seinem Weibe anhangen, und sie werden sein ein Fleisch. Und sie waren beide nackt, der Mensch und sein Weib, und schämten sich nicht.

1. Mose/Genesis

Adam bestellt das Feld
Teil des Ostfensters aus dem 15. Jahrhundert, Kirche St. Mary Magdalene, Mulbarton, Norfolk, England.

Ein beliebtes Motiv in der Glasmalerei. Hier arbeitet Adam barfüßig, dazu mit einem Spaten, der das Graben zur Mühsal macht. Einige der angedeuteten Pflanzen im Hintergrund liegen wie umgeknickt, wahrscheinlich bedingt durch die vorgegebene Form der Scheibe. Alle Scheiben des Ostfensters waren ursprünglich für die Kirche in Martham in Norfolk bestimmt.

Adam beim Hausbau
Scheibe des Schöpfungsfensters aus dem 16. Jahrhundert, La Madeleine, Troyes, Aube, Frankreich.

Adam baut ein Holzhaus mit Wänden aus Weidengeflecht. Eva sitzt schon mit ihren Kindern im Haus. Das Fenster erinnert an das Schöpfungsfenster in St. Florentin, vielleicht stammen beide aus derselben Werkstatt.

Aber die Schlange war listiger als alle Tiere auf dem Felde, die Gott der HERR gemacht hatte, und sprach zu dem Weibe: Ja, sollte Gott gesagt haben: ihr sollt nicht essen von allen Bäumen im Garten? Da sprach das Weib zu der Schlange: Wir essen von den Früchten der Bäume im Garten; aber von den Früchten des Baumes mitten im Garten hat Gott gesagt: Esset nicht davon, rühret sie auch nicht an, daß ihr nicht sterbet! Da sprach die Schlange zum Weibe: Ihr werdet keineswegs des Todes sterben, sondern Gott weiß: an dem Tage, da ihr davon esset, werden eure Augen aufgetan, und ihr werdet sein wie Gott und wissen, was gut und böse ist.

Und das Weib sah, daß von dem Baum gut zu essen wäre und daß er eine Lust für die Augen wäre und verlockend, weil er klug machte. Und sie nahm von der Frucht und aß und gab ihrem Mann, der bei ihr war, auch davon, und er aß. Da wurden ihnen beiden die Augen aufgetan, und sie wurden gewahr, daß sie nackt waren, und flochten Feigenblätter zusammen und machten sich Schurze.

Und sie hörten Gott den HERRN, wie er im Garten ging, als der Tag kühl geworden war. Und Adam versteckte sich mit seinem Weibe vor dem Angesicht Gottes des HERRN unter den Bäumen im Garten. Und Gott der HERR rief Adam und sprach zu ihm: Wo bist du? Und er sprach: Ich hörte dich im Garten und fürchtete mich; denn ich bin nackt, darum versteckte ich mich. Und er sprach: Wer hat dir gesagt, daß du nackt bist? Hast du nicht gegessen von dem Baum, von dem ich dir gebot, du solltest nicht davon essen?

Da sprach Gott der HERR zu Adam: Weil du gehorcht hast der Stimme deines Weibes und gegessen von dem Baum, von dem ich dir gebot und sprach: Du sollst nicht davon essen –, verflucht sei der Acker um deinetwillen! Mit Mühsal sollst du dich von ihm nähren dein Leben lang. Dornen und Disteln soll er dir tragen, und du sollst das Kraut auf dem Felde essen. Im Schweiße deines Angesichts sollst du dein Brot essen, bis du wieder zu Erde werdest, davon du genommen bist. Denn du bist Erde und sollst zu Erde werden.

Da wies ihn Gott der HERR aus dem Garten Eden, daß er die Erde bebaute, von der er genommen war. Und er trieb den Menschen hinaus und ließ lagern vor dem Garten Eden die Cherubim mit dem flammenden, blitzenden Schwert, zu bewachen den Weg zu dem Baum des Lebens.
(1. Mose 2,15–3,24; gekürzt)

1. Mose/Genesis

KAIN UND ABEL

Und Adam erkannte sein Weib Eva, und sie ward schwanger und gebar den Kain. Danach gebar sie Abel, seinen Bruder. Und Abel wurde ein Schäfer, Kain aber wurde ein Ackermann. Es begab sich aber nach etlicher Zeit, daß Kain dem HERRN Opfer brachte von den Früchten des Feldes. Und auch Abel brachte von den Erstlingen seiner Herde und von ihrem Fett. Und der HERR sah gnädig an Abel und sein Opfer, aber Kain und sein Opfer sah er nicht gnädig an. Da ergrimmte Kain sehr und senkte finster seinen Blick.

Da sprach der HERR zu Kain: Warum ergrimmst du? Und warum senkst du deinen Blick? Ist's nicht also? Wenn du fromm bist, so kannst du frei den Blick erheben. Bist du aber nicht fromm, so lauert die Sünde vor der Tür, und nach dir hat sie Verlangen; du aber herrsche über sie.

Da sprach Kain zu seinem Bruder Abel: Laß uns aufs Feld gehen! Und es begab sich, als sie auf dem Felde waren, erhob sich Kain wider seinen Bruder Abel und schlug ihn tot.

Da sprach der HERR zu Kain: Wo ist dein Bruder Abel? Er sprach: Ich weiß nicht; soll ich meines Bruders Hüter sein? *(1. Mose 4,1-9)*

Kain erschlägt Abel ▷
Fenster von Hans Acker aus dem 15. Jahrhundert, Besserer-Kapelle, Münster, Ulm.

Wie um sich zu vergewissern, daß niemand Zeuge seiner Tat wird, sieht Kain nach links aus dem Bild, während er die Hacke in die Schulter seines Bruders Abel schlägt. Oben fordert Gott Rechenschaft von Kain. Dieser verbirgt die Schneide seiner Mordwaffe hinter seinem Rücken.

Das Opfer von Kain und Abel
Fenster von Ford Madox Brown, Kirche All Saints, Middleton Cheney, Northamptonshire, England; 1866–70.

Ford Madox Brown war stark von den Präraffaeliten beeinflußt, Mitglied dieser Bruderschaft viktorianischer Maler war er jedoch nicht. Von 1861–1874 gehörte er zur Werkstatt von William Morris. Hier hat der Künstler Kain und Abel ganz gegensätzlich dargestellt: im Körperbau, im Gesichtsausdruck, in der Kleidung. Kain ist kräftig, sein Gesicht zeigt Trauer und Betroffenheit; Abel blickt in gelassener Ergebenheit zum Himmel.

1. Mose/Genesis

1. Mose/Genesis

DIE SINTFLUT

Noah war ein frommer Mann und ohne Tadel zu seinen Zeiten; er wandelte mit Gott. Aber die Erde war verderbt vor Gottes Augen und voller Frevel. Da sprach Gott zu Noah: Das Ende allen Fleisches ist bei mir beschlossen, denn die Erde ist voller Frevel von ihnen; und siehe, ich will sie verderben mit der Erde. Mache dir einen Kasten von Tannenholz und mache Kammern darin und verpiche ihn mit Pech innen und außen. Und mache ihn so: Dreihundert Ellen sei die Länge, fünfzig Ellen die Breite und dreißig Ellen die Höhe. Ein Fenster sollst du daran machen obenan, eine Elle groß. Die Tür sollst du mitten in seine Seite setzen. Und er soll drei Stockwerke haben, eines unten, das zweite in der Mitte, das dritte oben. Denn siehe, ich will eine Sintflut kommen lassen auf Erden, zu verderben alles Fleisch, darin Odem des Lebens ist, unter dem Himmel. Alles, was auf Erden ist, soll untergehen. Aber mit dir will ich meinen Bund aufrichten, und du sollst in die Arche gehen mit deinen Söhnen, mit deiner Frau und mit den Frauen deiner Söhne. Und du sollst in die Arche bringen von allen Tieren, von allem Fleisch, je ein Paar, Männchen und Weibchen, daß sie leben bleiben mit dir. Von den Vögeln nach ihrer Art, von dem Vieh nach seiner Art und von allem Gewürm auf Erden nach seiner Art: von den allen soll je ein Paar zu dir hineingehen, daß sie leben bleiben. Und du sollst dir von jeder Speise nehmen, die gegessen wird, und sollst sie bei dir sammeln, daß sie dir und ihnen zur Nahrung diene. Und Noah tat alles, was ihm Gott gebot.

In dem sechshundertsten Lebensjahr Noahs am siebzehnten Tag des zweiten Monats, an diesem Tag brachen alle Brunnen der großen Tiefe auf und taten sich die Fenster des Himmels auf und ein Regen kam auf Erden vierzig Tage und vierzig Nächte. Da ging alles Fleisch unter, das sich auf Erden regte, an Vögeln, an Vieh, an wildem Getier und an allem, was da wimmelte auf Erden, und alle Menschen. Alles, was Odem des Lebens hatte auf dem Trockenen, das starb.

Da gedachte Gott an Noah und an alles wilde Getier und an alles Vieh, das mit ihm in der Arche war, und ließ Wind auf Erden kommen, und die Wasser fielen. Und die Brunnen der Tiefe wurden verstopft samt den Fenstern des Himmels, und dem Regen vom Himmel wurde gewehrt.

Nach vierzig Tagen tat Noah an der Arche das Fenster auf, das er gemacht hatte, und ließ einen Raben ausfliegen; der flog immer hin und her, bis die Wasser vertrockneten auf Erden. Danach ließ er eine Taube ausfliegen, um zu erfahren, ob die Wasser sich verlaufen hätten auf Erden. Da aber die Taube nichts fand, wo ihr Fuß ruhen konnte, kam sie wieder zu ihm in die Arche; denn noch war Wasser auf dem ganzen Erdboden. Da tat er die Hand heraus und nahm sie zu sich in die Arche. Da harrte er noch weitere sieben Tage und ließ abermals eine Taube fliegen aus der Arche. Die kam zu ihm um die Abendzeit, und siehe, ein Ölblatt hatte sie abgebrochen und trug's in ihrem Schnabel. Da merkte Noah, daß die Wasser sich verlaufen hätten auf Erden.

(1. Mose 6,9–8,11; gekürzt)

Noah mit der Taube ▷
Teil des Ostfensters aus dem 13. Jahrhundert, südliches Seitenschiff des Chores, Kathedrale, Lincoln, England.

Noahs Finger sind feingliedrig und sehr lang. Sie veranschaulichen die Bedeutung, die die Rückkehr der Taube für Noah hat. Der knospende Zweig, den die Taube im Schnabel trägt, und der Baum, der dicht neben dem Vorderschiff emporwächst, bezeugen das Zurückgehen des Wassers.

Die Arche Noah ▽
Fenster von Georg Meistermann, Marienkirche, Köln-Kalk; 1966.

Über Noahs Arche auf der aufgewühlten See wölbt sich ein doppelter Regenbogen.

1. Mose/Genesis

DER TURMBAU ZU BABEL

Es hatte aber alle Welt einerlei Zunge und Sprache. Als sie nun nach Osten zogen, fanden sie eine Ebene im Lande Schinar und wohnten daselbst. Und sie sprachen untereinander: Wohlauf, laßt uns Ziegel streichen und brennen! – und nahmen Ziegel als Stein und Erdharz als Mörtel und sprachen: Wohlauf, laßt uns eine Stadt und einen Turm bauen, dessen Spitze bis an den Himmel reiche, damit wir uns einen Namen machen; denn wir werden sonst zerstreut in alle Länder. Da fuhr der HERR hernieder, daß er sähe die Stadt und den Turm, die die Menschenkinder bauten. Und der HERR sprach: Siehe, es ist einerlei Volk und einerlei Sprache unter ihnen allen, und dies ist der Anfang ihres Tuns; nun wird ihnen nichts mehr verwehrt werden können von allem, was sie sich vorgenommen haben zu tun. Wohlauf, laßt uns herniederfahren und dort ihre Sprache verwirren, daß keiner des andern Sprache verstehe! So zerstreute sie der HERR von dort in alle Länder, daß sie aufhören mußten, die Stadt zu bauen. Daher heißt ihr Name Babel, weil der HERR daselbst verwirrt hat aller Länder Sprache und sie von dort zerstreut hat in alle Länder.

(1. Mose 11,1-9)

Der Turmbau zu Babel ▷
Fenster aus dem 14. Jahrhundert, deutsch, Kirche St. Etienne, Mülhausen, Elsaß, Frankreich.

Die Bauleute benutzen zeitgenössische Gerätschaften. Gott ist ein ehrwürdiger Mann mit weißem Haar, Bart, durchdringenden Augen und einem Mund, der gerade zu sprechen scheint.

Der Turmbau zu Babel
Niederländische Rundscheibe aus dem 17. Jahrhundert, Kirche St. Mary, Bishopsbourne, Kent, England.

Man erkennt bekleidete und unbekleidete Personen – letztere wahrscheinlich Sklaven –, die zusammen arbeiten. Die Kleidung entspricht dem 17. Jahrhundert. Zwei Frauen, die Ziegel schleppen, tragen ihren besten Sonntagsstaat mit Arbeitsschürzen.

1. Mose/Genesis

GOTTES BUND MIT ABRAHAM

Als nun Abraham neunundneunzig Jahre alt war, erschien ihm der HERR und sprach zu ihm: Ich bin der allmächtige Gott; wandle vor mir und sei fromm. Und ich will meinen Bund zwischen mir und dir schließen und will dich über alle Maßen mehren.

Da fiel Abraham auf sein Angesicht. Und Gott redete weiter mit ihm und sprach: Siehe, *ich* habe meinen Bund mit dir, und du sollst ein Vater vieler Völker werden. Und ich will dich sehr fruchtbar machen und will aus dir Völker machen, und auch Könige sollen von dir kommen. Und ich will aufrichten meinen Bund zwischen mir und dir und deinen Nachkommen von Geschlecht zu Geschlecht, daß es ein ewiger Bund sei, so daß ich dein und deiner Nachkommen Gott bin. Und ich will dir und deinem Geschlecht nach dir das Land geben, darin du ein Fremdling bist, das ganze Land Kanaan, zu ewigem Besitz, und will ihr Gott sein.

Und Gott sprach abermals zu Abraham: Du sollst Sarai, deine Frau, nicht mehr Sarai nennen, sondern Sara soll ihr Name sein. Denn ich will sie segnen, und Völker sollen aus ihr werden und Könige über viele Völker. Da fiel Abraham auf sein Angesicht und lachte und sprach in seinem Herzen: Soll mir mit hundert Jahren ein Kind geboren werden, und soll Sara, neunzig Jahre alt, gebären? Da sprach Gott: Sara, deine Frau, wird dir einen Sohn gebären, den sollst du Isaak nennen, und mit ihm will ich meinen ewigen Bund aufrichten und mit seinem Geschlecht nach ihm. Und Gott fuhr auf von Abraham.

(1. Mose 17,1–22; gekürzt)

Gottes Bund mit Abraham ▷
Fenster aus dem 15. Jahrhundert, südliches Seitenschiff des Chores, St. Anne's Chapel, Kloster Great Malvern, Worcestershire, England.

Um Abrahams Bedeutung zu veranschaulichen, hat der Künstler ihm ein juwelenbesetztes Gewand gegeben. Der Mantel Gottes ist scharlachrot. Oben im blauen Hintergrund drei Engel, die vielleicht an 1. Mose 18 erinnern. Drei Bäume und verschiedenes Blattwerk sind in Silbergelb gemalt. Bei dieser Technik wird Schwefelsilber durch den Brand zu metallischem Silber reduziert, das weißes Glas gelb oder orange färbt.

Lots Frau sieht zurück
Zweites Armenbibel-Fenster aus dem frühen 13. Jahrhundert, nördliches Seitenschiff des Chores, Kathedrale, Canterbury, Kent, England.

Detail aus der Geschichte vom Untergang Sodoms (1. Mose 19). Zwei Engel ermutigen Lot und seine Familie, ihren Weg zügig fortzusetzen. Lots Zaudern, Sodom zu verlassen, wird ausgedrückt durch seine leicht nach hinten abgewinkelte Körperhaltung. Seine Frau, die sich umdrehte, um das brennende Sodom zu sehen, ist schon starr und weiß geworden, beinahe wie eine Salzsäule.

1. Mose/Genesis

1. Mose/Genesis

ISAAKS OPFERUNG

Nach diesen Geschichten versuchte Gott Abraham und sprach zu ihm: Abraham! Und er antwortete: Hier bin ich. Und er sprach: Nimm Isaak, deinen einzigen Sohn, den du liebhast, und geh hin in das Land Morija und opfere ihn dort zum Brandopfer auf einem Berge, den ich dir sagen werde.

Und Abraham nahm das Holz zum Brandopfer und legte es auf seinen Sohn Isaak. Er aber nahm das Feuer und das Messer in seine Hand; und gingen die beiden miteinander. Da sprach Isaak zu seinem Vater Abraham: Mein Vater! Abraham antwortete: Hier bin ich, mein Sohn. Und er sprach: Siehe, hier ist Feuer und Holz; wo ist aber das Schaf zum Brandopfer? Abraham antwortete: Mein Sohn, Gott wird sich ersehen ein Schaf zum Brandopfer. Und gingen die beiden miteinander.

Und als sie an die Stätte kamen, die ihm Gott gesagt hatte, baute Abraham dort einen Altar und legte das Holz darauf und band seinen Sohn Isaak, legte ihn auf den Altar oben auf das Holz und reckte seine Hand aus und faßte das Messer, daß er seinen Sohn schlachtete.

Da rief ihn der Engel des HERRN vom Himmel und sprach: Abraham! Abraham! Er antwortete: Hier bin ich. Er sprach: Lege deine Hand nicht an den Knaben und tu ihm nichts; denn nun weiß ich, daß du Gott fürchtest und hast deines einzigen Sohnes nicht verschont um meinetwillen.

(1. Mose 22,1-2.6-12)

Abraham ▷
Scheibe aus dem Westfenster, Kathedrale, Canterbury, Kent, England.

Abraham ist hier als Einzelfigur dargestellt. Er sitzt auf einem hölzernen Schemel. Seine Kleidung ist vornehm: gemusterte Beinkleider und Schuhe aus weichem, weißen Ziegenleder.

Isaaks Opferung
Zwei Teile des Erlösungsfensters aus dem 13. Jahrhundert, Kathedrale, Chartres, Frankreich.

Auf der linken Scheibe trägt Isaak das Holz zum Altar, auf der rechten hält der Engel Abraham von der Opferung seines Sohnes auf dem Altar zurück. Links im Gebüsch der Widder als Ersatzopfer.

1. Mose/Genesis

25

1. Mose/Genesis

JAKOB SCHAUT DIE HIMMELSLEITER

Aber Jakob zog aus von Beerscheba und machte sich auf den Weg nach Haran und kam an eine Stätte, da blieb er über Nacht, denn die Sonne war untergegangen. Und er nahm einen Stein von der Stätte und legte ihn zu seinen Häupten und legte sich an der Stätte schlafen. Und ihm träumte, und siehe, eine Leiter stand auf Erden, die rührte mit der Spitze an den Himmel, und siehe, die Engel Gottes stiegen daran auf und nieder. Und der HERR stand oben darauf und sprach: Ich bin der HERR, der Gott deines Vaters Abraham, und Isaaks Gott; das Land, darauf du liegst, will ich dir und deinen Nachkommen geben. Und dein Geschlecht soll werden wie der Staub auf Erden, und du sollst ausgebreitet werden gegen Westen und Osten, Norden und Süden, und durch dich und deine Nachkommen sollen alle Geschlechter auf Erden gesegnet werden. Und siehe, ich bin mit dir und will dich behüten, wo du hinziehst, und will dich wieder herbringen in dies Land. Denn ich will dich nicht verlassen, bis ich alles tue, was ich dir zugesagt habe.

Als nun Jakob von seinem Schlaf aufwachte, sprach er: Fürwahr, der HERR ist an dieser Stätte, und ich wußte es nicht! Und er fürchtete sich und sprach: Wie heilig ist diese Stätte! Hier ist nichts anderes als Gottes Haus, und hier ist die Pforte des Himmels.

(1. Mose 28,10-17)

Die Himmelsleiter
Schweizer Rundscheibe, jetzt in der Kirche von Wragby, Yorkshire, England.

Diese Scheibe hat einen Durchmesser von nur ca. 20 cm. Jakob ist eingeschlafen; ein Jagdhund ist bei ihm, der ebenfalls schläft. Im Hintergrund eine altertümliche Schweizer Stadt, an einem See gelegen, mit Landungssteg und einer Kirche. Die Kirche in Wragby besitzt heute mit 489 Exemplaren die größte Sammlung von Schweizer Scheiben überhaupt. Zusammengetragen wurde sie von einem Mann namens Winn aus dem Kloster Nostell nach dem Einmarsch französischer Truppen in die Schweiz im ausgehenden 18. Jahrhundert.

1. Mose/Genesis

Josef in der Grube
Flämische Rundscheibe aus dem 17. Jahrhundert, Kirche in Begbroke, Oxfordshire, England.

Dem Künstler gelang es, 27 Personen auf dieser kleinen Rundscheibe darzustellen. Im Vordergrund die Brüder, die Josef in die Zisterne stoßen; die beiden Brüder links außen erscheinen distanziert (vgl. 1. Mose 37, Verse 21 und 26). Die Szenen im Hintergrund zeigen die Ankunft Josefs mit Proviantkörben und seine Entkleidung.

JOSEF UND SEINE BRÜDER

Jakob hatte Josef lieber als alle seine Söhne, weil er der Sohn seines Alters war, und machte ihm einen bunten Rock. Als nun seine Brüder sahen, daß ihn ihr Vater lieber hatte als alle seine Brüder, wurden sie ihm feind und konnten ihm kein freundliches Wort sagen. Dazu hatte Josef einmal einen Traum und sagte seinen Brüdern davon; da wurden sie ihm noch mehr feind. Denn er sprach zu ihnen: Höret doch, was mir geträumt hat. Siehe, wir banden Garben auf dem Felde, und meine Garbe richtete sich auf und stand, aber eure Garben stellten sich ringsumher und neigten sich vor meiner Garbe. Da sprachen seine Brüder zu ihm: Willst du unser König werden und über uns herrschen?

Als nun seine Brüder hingegangen waren, um das Vieh ihres Vaters in Sichem zu weiden, sprach Israel zu Josef: Hüten nicht deine Brüder das Vieh in Sichem? Geh hin und sieh, ob's gut steht um deine Brüder und um das Vieh, und sage mir dann, wie sich's verhält. Als sie ihn nun sahen von ferne, ehe er nahe zu ihnen kam, machten sie einen Anschlag, daß sie ihn töteten, und sprachen untereinander: Seht, der Träumer kommt daher! So kommt nun und laßt uns ihn töten und in eine Grube werfen und sagen, ein böses Tier habe ihn gefressen; so wird man sehen, was seine Träume sind. Als nun Josef zu seinen Brüdern kam, zogen sie ihm seinen Rock aus, den bunten Rock, den er anhatte, und nahmen ihn und warfen ihn in die Grube; aber die Grube war leer und kein Wasser darin. *(1. Mose 37,1-24; gekürzt)*

1. Mose/Genesis

JOSEF DEUTET TRÄUME

Und es begab sich danach, daß sich der Mundschenk des Königs von Ägypten und der Bäcker versündigten an ihrem Herrn, dem König von Ägypten. Und der Pharao wurde zornig über seine beiden Kämmerer, gegen den Obersten über die Schenken und gegen den Obersten über die Bäcker, und ließ sie setzen in des Amtmanns Haus ins Gefängnis, wo Josef gefangenlag. Und der Amtmann gab ihnen Josef bei, daß er ihnen diente. Und sie saßen etliche Zeit im Gefängnis.

Und es träumte ihnen beiden, dem Schenken und dem Bäcker des Königs von Ägypten, in *einer* Nacht einem jeden ein eigener Traum, und eines jeden Traum hatte seine Bedeutung. Als nun am Morgen Josef zu ihnen hineinkam und sah, daß sie traurig waren, fragte er sie und sprach: Warum seid ihr heute so traurig? Sie antworteten: Es hat uns geträumt, und wir haben niemand, der es uns auslege. Josef sprach: Auslegen gehört Gott zu; doch erzählt mir's.

Da erzählte der oberste Schenk seinen Traum und sprach zu Josef: Mir hat geträumt, daß ein Weinstock vor mir wäre, der hatte drei Reben, und er grünte, wuchs und blühte, und seine Trauben wurden reif. Und ich hatte den Becher des Pharao in meiner Hand und nahm die Beeren und zerdrückte sie in den Becher und gab den Becher dem Pharao in die Hand. Josef sprach zu ihm: Das ist seine Deutung: Drei Reben sind drei Tage. Nach drei Tagen wird der Pharao dein Haupt erheben und dich wieder in dein Amt setzen, daß du ihm den Becher in die Hand gebest wie vormals, als du sein Schenk warst. Aber gedenke meiner, wenn dir's wohlgeht, und tu Barmherzigkeit an mir, daß du dem Pharao von mir sagst und mich so aus diesem Hause bringst. Denn ich bin aus dem Lande der Hebräer heimlich gestohlen worden; und auch hier hab ich nichts getan, weswegen sie mich hätten ins Gefängnis setzen dürfen.

Als der oberste Bäcker sah, daß die Deutung gut war, sprach er zu Josef: Mir hat auch geträumt, ich trüge drei Körbe mit feinem Backwerk auf meinem Haupt und im obersten Korbe allerlei Gebackenes für den Pharao, und die Vögel fraßen aus dem Korbe auf meinem Haupt. Josef antwortete und sprach: Das ist seine Deutung: Drei Körbe sind drei Tage. Und nach drei Tagen wird der Pharao dein Haupt erheben und dich an den Galgen hängen, und die Vögel werden dein Fleisch von dir fressen.

Und es geschah am dritten Tage, da beging der Pharao seinen Geburtstag. Und er machte ein Festmahl für alle seine Großen und erhob das Haupt des obersten Schenken und das Haupt des obersten Bäckers unter seinen Großen und setzte den obersten Schenken wieder in sein Amt, daß er den Becher reiche in des Pharao Hand, aber den obersten Bäcker ließ er aufhängen, wie ihnen Josef gedeutet hatte. Aber der oberste Schenk dachte nicht an Josef, sondern vergaß ihn.

(1. Mose 40,1-23)

Der Mundschenk vor dem Pharao
Flämische Scheibe aus dem 17. Jahrhundert, Kathedrale, Wells, Somerset, England.

Der Künstler hat viel Wert auf Einzelheiten gelegt. Der Pharao sitzt auf einem goldenen Thron. Er hält ein Zepter in der Hand und trägt Krone oder Reif über einer helmartigen Kopfbedeckung. Der Mundschenk kniet vor ihm. Bei einigen der Dargestellten wurde der Mund durch rote Email-Malerei besonders hervorgehoben.

1. Mose/Genesis

29

2. Mose/Exodus

DIE BERUFUNG MOSES

Mose aber hütete die Schafe Jitros, seines Schwiegervaters, des Priesters in Midian, und trieb die Schafe über die Steppe hinaus und kam an den Berg Gottes, den Horeb. Und der Engel des HERRN erschien ihm in einer feurigen Flamme aus dem Dornbusch. Und er sah, daß der Busch im Feuer brannte und doch nicht verzehrt wurde. Da sprach er: Ich will hingehen und die wundersame Erscheinung besehen, warum der Busch nicht verbrennt. Als aber der HERR sah, daß er hinging, um zu sehen, rief Gott ihn aus dem Busch und sprach: Mose, Mose! Er antwortete: Hier bin ich. Gott sprach: Tritt nicht herzu, zieh deine Schuhe von deinen Füßen; denn der Ort, darauf du stehst, ist heiliges Land!

Und er sprach weiter: Ich bin der Gott deines Vaters, der Gott Abrahams, der Gott Isaaks und der Gott Jakobs. Und Mose verhüllte sein Angesicht; denn er fürchtete sich, Gott anzuschauen. Und der

Mose und der brennende Dornbusch ▷
Scheibe von Meister Gerlach, 12. Jahrhundert, Abteikirche Arnstein/Lahn, jetzt Landesmuseum Münster, Westfalen.

Mose (links) hat seine Schuhe ausgezogen, weil dieser Ort für ihn heilig ist. Die Schlangenform seines Stabes verweist auf das Wunder, mit dem er sich vor seinem Volk legitimieren soll (2. Mose 4,1-4). Gott spricht aus dichtem Gehölz heraus. Sein Kopf ist von einem Heiligenschein mit Kreuz umgeben. Meister Gerlach hat sich selbst dargestellt, den Pinsel in der Hand, völlig konzentriert auf seine Arbeit. Dies ist die einzige bekannte Darstellung eines mittelalterlichen Glasmalers. Die Inschrift bittet Gott um Gnade für den Künstler: »Rex regum clare, Gerlacho propitiare«.

Die Auffindung Moses
15. Jahrhundert, Kloster Great Malvern, Worcestershire, England.

Die Tochter des Pharao findet mit ihrer Begleitung das in einem Körbchen ausgesetzte Kind (2. Mose 2,2-10). Sie trägt die königlichen Gewänder, die im 15. Jahrhundert üblich waren. Der kleine Mose ist mit Windelbändern gewickelt, der Korb aus Weidenrohr geflochten.

2. Mose/Exodus

> HERR sprach: Ich habe das Elend meines Volks in Ägypten gesehen und ihr Geschrei über ihre Bedränger gehört; ich habe ihre Leiden erkannt. Und ich bin herniedergefahren, daß ich sie errette aus der Ägypter Hand und sie herausführe aus diesem Lande in ein gutes und weites Land, in ein Land, darin Milch und Honig fließt. So geh nun hin, ich will dich zum Pharao senden, damit du mein Volk, die Israeliten, aus Ägypten führst.
>
> *(2. Mose 3,1–10)*

2. Mose/Exodus

DER DURCHZUG DURCHS MEER

Und die Ägypter jagten ihnen nach mit Rossen, Wagen und ihren Männern und mit dem ganzen Heer des Pharao. Und als der Pharao nahe herankam, hoben die Israeliten ihre Augen auf, und sie fürchteten sich sehr und schrien zu dem HERRN und sprachen zu Mose: Haben wir's dir nicht schon in Ägypten gesagt: Laß uns in Ruhe, wir wollen den Ägyptern dienen? Es wäre besser für uns, den Ägyptern zu dienen, als in der Wüste zu sterben. Da sprach Mose zum Volk: Fürchtet euch nicht, stehet fest und sehet zu, was für ein Heil der HERR heute an euch tun wird. Denn wie ihr die Ägypter heute seht, werdet ihr sie niemals wiedersehen. Der HERR wird für euch streiten, und ihr werdet stille sein.

Und der HERR sprach zu Mose: Sage den Israeliten, daß sie weiterziehen. Du aber hebe deinen Stab auf und recke deine Hand über das Meer und teile es mitten durch, so daß die Israeliten auf dem Trockenen mitten durch das Meer gehen. Siehe, ich will das Herz der Ägypter verstocken, daß sie hinter euch herziehen, und will meine Herrlichkeit erweisen an dem Pharao und aller seiner Macht, an seinen Wagen und Männern.

(2. Mose 14,9-17; gekürzt)

Manna vom Himmel ▷
Fenster aus dem 15. Jahrhundert, Kloster Great Malvern, Worcestershire, England.

In dieser eigenartigen Szene (s. 2. Mose 16) fällt Manna, das die Form großer Eier hat, in die geöffneten Hände der Menschen. Einige haben schon ihr Manna in hölzerne Gefäße gesammelt. Im Mittelpunkt der prächtig gekleidete Mose. Teile dieser Scheibe wurden unsachgemäß mit goldfarbenem Glas ausgebessert. Besonders unpassend sind die Stiefel auf Moses Leib, die zu einem anderen Bild gehörten.

Der Durchzug durchs Rote Meer
Teil des Ostfensters aus dem 13. Jahrhundert, nördliches Seitenschiff des Chores, Kathedrale, Lincoln, Lincolnshire, England.

In diesem kleinen Rundfenster steht eine Menschengruppe für das ganze Volk, das an diesem dramatischen Geschehen beteiligt war. Mose ist – wie man es öfters findet – mit Hörnern dargestellt, was auf eine Wortverwechslung bei der Übersetzung von 2. Mose 34,29 zurückgeht. Liebenswerte Einzelheit: ein Mann trägt ein Kind auf seinen Schultern.

2. Mose/Exodus

DIE ZEHN GEBOTE

Und Gott redete alle diese Worte: Ich bin der HERR, dein Gott, der ich dich aus Ägyptenland, aus der Knechtschaft, geführt habe. Du sollst keine anderen Götter haben neben mir. Du sollst dir kein Bildnis noch irgendein Gleichnis machen, weder von dem, was oben im Himmel, noch von dem, was unten auf Erden, noch von dem, was im Wasser unter der Erde ist: Bete sie nicht an und diene ihnen nicht! Denn ich, der HERR, dein Gott, bin ein eifernder Gott, der

Mose auf dem Berg Sinai
Fenster von Hans Gottfried von Stockhausen, Besserer-Kapelle, Münster, Ulm; 1964–1966.

Mose befindet sich auf dem Berg Sinai. Er legt die Hände an die Ohren, um die Stimme Gottes besser hören zu können. Ein dickes, purpurfarbenes Wolkenband bildet eine Trennlinie zwischen Gott und den Menschen. Unten auf dem steinigen Wüstenboden stehen die wartenden Israeliten. Die kleine Besserer-Kapelle wurde von Ulrich von Ensingen für den Ulmer Kaufmann Eitel Besserer erbaut. Sie enthält Bildzyklen aus der Mitte des 15. Jahrhunderts von Jakob Acker und seinem Sohn Hans, die durch Arbeiten des modernen Künstlers von Stockhausen ergänzt sind.

2. Mose/Exodus

Das Goldene Kalb
Teil eines Fensters von Joshua Price (gest. um 1722), Kirche in Great Witley, Worcestershire, England.

Das Fenster zeigt die sich von Gott abwendenden Israeliten, wie sie zum Götzendienst zurückkehren und das Goldene Kalb anbeten. Die hier nicht abgedruckte Geschichte steht in 2. Mose 32.

die Missetat der Väter heimsucht bis ins dritte und vierte Glied an den Kindern derer, die mich hassen, aber Barmherzigkeit erweist an vielen Tausenden, die mich lieben und meine Gebote halten.

Du sollst den Namen des HERRN, deines Gottes, nicht mißbrauchen; denn der HERR wird den nicht ungestraft lassen, der seinen Namen mißbraucht.

Gedenke des Sabbattages, daß du ihn heiligest. Sechs Tage sollst du arbeiten und alle deine Werke tun. Aber am siebenten Tage ist der Sabbat des HERRN, deines Gottes. Da sollst du keine Arbeit tun, auch nicht dein Sohn, deine Tochter, dein Knecht, deine Magd, dein Vieh, auch nicht dein Fremdling, der in deiner Stadt lebt. Denn in sechs Tagen hat der HERR Himmel und Erde gemacht und das Meer und alles, was darinnen ist, und ruhte am siebenten Tage. Darum segnete der HERR den Sabbattag und heiligte ihn.

Du sollst deinen Vater und deine Mutter ehren, auf daß du lange lebest in dem Lande, das dir der HERR, dein Gott, geben wird. Du sollst nicht töten. Du sollst nicht ehebrechen. Du sollst nicht stehlen. Du sollst nicht falsch Zeugnis reden wider deinen Nächsten. Du sollst nicht begehren deines Nächsten Haus. Du sollst nicht begehren deines Nächsten Weib, Knecht, Magd, Rind, Esel noch alles, was dein Nächster hat.

(2. Mose 20,1-17)

4. Mose/Numeri

DIE ERKUNDUNG DES LANDES

Der Herr redete mit Mose und sprach: Sende Männer aus, die das Land Kanaan erkunden, das ich den Israeliten geben will. Als sie nun Mose aussandte, sprach er zu ihnen: Seht euch das Land an, wie es ist, und das Volk, das darin wohnt, ob's stark oder schwach, wenig oder viel ist; und was es für ein Land ist, darin sie wohnen, ob's gut oder schlecht ist; und was es für Städte sind, in denen sie wohnen, ob sie in Zeltdörfern oder festen Städten wohnen; und wie der Boden ist, ob fett oder mager, und ob Bäume da sind oder nicht. Seid mutig und bringt mit von den Früchten des Landes.

Und sie gingen hinauf und erkundeten das Land von der Wüste Zin bis nach Rehob, von wo man nach Hamat geht. Und sie kamen bis an den Bach Eschkol und schnitten dort eine Rebe ab mit *einer* Weintraube und trugen sie zu zweien auf einer Stange, dazu auch Granatäpfel und Feigen. Und nach vierzig Tagen, als sie das Land erkundet hatten, kehrten sie um, gingen hin und kamen zu Mose und

Die Rückkehr der Kundschafter
Fenster aus dem 16. Jahrhundert, Kirche in Marston Bigot, Somerset, England.

Eines der ausdrucksvollsten Glasfenster mit diesem Motiv: Die Personen sind in feiner Weise charakterisiert. Die Beschwernisse der abenteuerlichen Reise werden erkennbar an den zerrissenen Beinkleidern und zerfetzten Schuhen. Das krumme Messer, das ein Kundschafter im Gürtel stecken hat, mag er benutzt haben, um die übergroße Traube abzuschneiden. Diese versinnbildlicht die Fruchtbarkeit der Weinberge Kanaans. Einige der hinter Mose wartenden Israeliten erscheinen ausgesprochen skeptisch. Moses Hörner (siehe oben S. 32) sind hier zwei nach oben stehende Haarsträhnen.

4. Mose/Numeri

Mose und Josua
Scheibe des Rieter-Fensters, Kirche St. Lorenz, Nürnberg; 1479.

Mose übergibt seinem Nachfolger die Führung (die Szene entspricht 5. Mose 31,1-8). Josua folgt ihm mit angemessener Bescheidenheit. Mose trägt ein vornehmes Kleid aus feinem Tuch, Josua als Kriegsmann eine Rüstung. Die Männer des Volkes Israel tragen die Pilzhüte der mittelalterlichen Juden. Die Inschrift links oben verweist auf die Bibelstelle Deuteronomium (= 5. Mose), Kapitel 3; gemeint ist Vers 28. Bei diesem Fenster sind die Personen deutlich vom Hintergrund abgehoben. Stärker als sonst tritt die Architektur – weiße Bauteile – zurück. Das Fenster wurde von der Familie Rieter gestiftet.

Aaron und zu der ganzen Gemeinde der Israeliten in die Wüste Paran nach Kadesch und brachten ihnen und der ganzen Gemeinde Kunde, wie es stand, und ließen sie die Früchte des Landes sehen. Und sie erzählten ihnen und sprachen: Wir sind in das Land gekommen, in das ihr uns sandtet; es fließt wirklich Milch und Honig darin, und dies sind seine Früchte. Aber stark ist das Volk, das darin wohnt, und die Städte sind befestigt und sehr groß.

Da fuhr die ganze Gemeinde auf und schrie, und das Volk weinte die ganze Nacht. Und alle Israeliten murrten gegen Mose und Aaron, und die ganze Gemeinde sprach zu ihnen: Ach daß wir in Ägyptenland gestorben wären oder noch in dieser Wüste stürben! Warum führt uns der HERR in dies Land, damit wir durchs Schwert fallen und unsere Frauen und unsere Kinder ein Raub werden? Ist's nicht besser, wir ziehen wieder nach Ägypten?

(4. Mose 13,1–14,3; gekürzt)

4. Mose/Numeri

BILEAMS ESELIN

Die Eselin sah den Engel des HERRN auf dem Wege stehen mit einem bloßen Schwert in seiner Hand. Und die Eselin wich vom Weg ab und ging auf dem Felde; Bileam aber schlug sie, um sie wieder auf den Weg zu bringen. Da trat der Engel des HERRN auf den Pfad zwischen den Weinbergen, wo auf beiden Seiten Mauern waren. Und als die Eselin den Engel des HERRN sah, drängte sie sich an die Mauer und klemmte Bileam den Fuß ein an der Mauer, und er schlug sie noch mehr. Da ging der Engel des HERRN weiter und trat an eine enge Stelle, wo kein Platz mehr war auszuweichen, weder zur Rechten noch zur Linken. Und als die Eselin den Engel des HERRN sah, fiel sie in die Knie unter Bileam. Da entbrannte der Zorn Bileams, und er schlug die Eselin mit dem Stecken. Da tat der HERR der Eselin den Mund auf, und sie sprach zu Bileam: Was hab ich dir getan, daß du mich nun dreimal geschlagen hast?

Da öffnete der HERR dem Bileam die Augen, daß er den Engel des HERRN auf dem Wege stehen sah. *(4. Mose 22,23-28.31)*

Bileams Eselin
Flämische Scheibe, vermutlich aus einem Stift in Löwen, Belgien, jetzt Kirche St. Mary, Shrewsbury, Shropshire, England; 1525-30.

Bileam ist mit einem juwelenbesetzten Stirnreif dargestellt. Wütend holt er mit einem kleinen Zepter zum Schlag gegen die Eselin aus, um sie in Richtung auf den – für ihn unsichtbaren – Engel voranzutreiben. Dieser schwingt ein Schwert mit einem kunstvollen Griff. Die Eselin hat schon ihr Maul geöffnet, um Bileam für sein Verhalten zur Rede zu stellen. Im Hintergrund eine befestigte mittelalterliche Stadt mit Schießscharten und kleinen Fenstern.

Josua

Die Mauern von Jericho
Fenster aus dem 19. Jahrhundert, Kathedrale, Lincoln, England.

Vor der Einnahme Jerichos blasen die Israeliten außerhalb der Stadt ihre Widderhörner. Auf dem rechten Feld im Hintergrund die brennende Stadt Ai (Josua 8,19-21). Die Szene im Vordergrund zeigt entweder den Bau des Altars von Josua 8,30-31 oder den Bund mit den Männern von Gibeon nach Josua 9.

DIE MAUERN JERICHOS

Jericho war verschlossen und verwahrt vor den Israeliten, so daß niemand heraus- oder hineinkommen konnte. Aber der HERR sprach zu Josua: Sieh, ich habe Jericho samt seinem König und seinen Kriegsleuten in deine Hand gegeben. Laß alle Kriegsmänner rings um die Stadt herumgehen *einmal*, und tu so sechs Tage lang. Und laß sieben Priester sieben Posaunen tragen vor der Lade her, und am siebenten Tage zieht siebenmal um die Stadt, und laß die Priester die Posaunen blasen. Und wenn man die Posaune bläst und es lange tönt, so soll das ganze Kriegsvolk ein großes Kriegsgeschrei erheben, wenn ihr den Schall der Posaune hört. Dann wird die Stadtmauer einfallen, und das Kriegsvolk soll hinaufsteigen, ein jeder stracks vor sich hin.

(Josua 6,1-5)

Richter

GIDEON ERBITTET EIN ZEICHEN

Als nun alle Midianiter und Amalekiter und die aus dem Osten sich versammelt hatten, zogen sie herüber und lagerten sich in der Ebene Jesreel. Da erfüllte der Geist des HERRN den Gideon. Und er ließ die Posaune blasen und sandte Botschaft zu ganz Manasse. Und Gideon sprach zu Gott: Willst du Israel durch meine Hand erretten, wie du zugesagt hast, so will ich abgeschorene Wolle auf die Tenne legen: Wird der Tau allein auf der Wolle sein und der ganze Boden umher trocken, so will ich daran erkennen, daß du Israel erretten wirst durch meine Hand, wie du zugesagt hast. Und so geschah es.

Und Gideon sprach zu Gott: Dein Zorn entbrenne nicht gegen mich, wenn ich noch einmal rede. Ich will's nur noch einmal versuchen mit der Wolle: es sei allein auf der Wolle trocken und Tau auf dem ganzen Boden. Und Gott machte es so in derselben Nacht, daß es trocken war allein auf der Wolle und Tau überall auf dem Boden.

(Richter 6,33-40; gekürzt)

Gideon und das Vlies
Ausschnitt aus einem Fenster des 14. Jahrhunderts, Frauenkirche, Esslingen.

Eine einfache, klare Komposition. Gideon trägt ein Hemd, einen Umhang, Beinkleider und Schuhe. Vor sich hält er das Schaffell.

Simson und der Löwe ▽
Scheibe aus dem 14. Jahrhundert, deutsch, Kirche St. Etienne, Mülhausen, Elsaß, Frankreich.

Der kräftige Simson ringt mit einem Löwen, der eher wie ein Wappentier aussieht. Die üppige Haarpracht Simsons wird durch einen breitkrempigen roten Hut noch besonders hervorgehoben. Der hier nicht abgedruckte Bibeltext steht in Richter 14,1-6.

Richter

Simson trägt die Torflügel von Gaza
Teil des Erlösungsfensters aus dem 13. Jahrhundert, nördliches Seitenschiff der Kathedrale, Chartres, Frankreich.

Simson, erstaunlich schmal für einen so starken Mann, trägt auf seiner Schulter die Torflügel der Philisterstadt. Das Motiv wurde gerne dargestellt, weil man darin – trotz der anrüchigen Umstände von Simsons Flucht – einen prophetischen Hinweis auf Christus sah, der bei der Auferstehung die Türen des Grabes gesprengt hat.

SIMSON BRICHT AUS GAZA AUS

Simson ging nach Gaza und sah dort eine Hure und ging zu ihr. Da wurde den Gazatitern gesagt: Simson ist hierhergekommen! Und sie umstellten ihn und ließen auf ihn lauern am Stadttor; aber die ganze Nacht verhielten sie sich still und dachten: Morgen, wenn's licht wird, wollen wir ihn umbringen.

Simson aber lag bis Mitternacht. Da stand er auf um Mitternacht und ergriff beide Torflügel am Stadttor samt den beiden Pfosten, hob sie aus mit den Riegeln und legte sie auf seine Schultern und trug sie hinauf auf die Höhe des Berges vor Hebron.

(Richter 16,1-3)

1. Samuel

DIE BERUFUNG SAMUELS

Und zu der Zeit, als der Knabe Samuel dem HERRN diente unter Eli, war des HERRN Wort selten, und es gab kaum noch Offenbarung. Und es begab sich zur selben Zeit, daß Eli lag an seinem Ort, und seine Augen hatten angefangen, schwach zu werden, so daß er nicht mehr sehen konnte. Die Lampe Gottes war noch nicht verloschen. Und Samuel hatte sich gelegt im Heiligtum des HERRN, wo die Lade Gottes war.

Und der HERR rief Samuel. Er aber antwortete: Siehe, hier bin ich! und lief zu Eli und sprach: Siehe, hier bin ich! Du hast mich gerufen. Er aber sprach: Ich habe nicht gerufen; geh wieder hin und lege dich schlafen. Und er ging hin und legte sich schlafen.

Der HERR rief abermals: Samuel! Und Samuel stand auf und ging zu Eli und sprach: Siehe, hier bin ich! Du hast mich gerufen. Er aber sprach: Ich habe nicht gerufen, mein Sohn; geh wieder hin und lege dich schlafen. Aber Samuel hatte den HERRN noch nicht erkannt, und des HERRN Wort war ihm noch nicht offenbart.

Und der HERR rief Samuel wieder, zum drittenmal. Und er stand auf und ging zu Eli und sprach: Siehe, hier bin ich! Du hast mich gerufen. Da merkte Eli, daß der HERR den Knaben rief, und sprach zu ihm: Geh wieder hin und lege dich schlafen; und wenn du gerufen wirst, so sprich: Rede, HERR, denn dein Knecht hört. Samuel ging hin und legte sich an seinen Ort.

Da kam der HERR und trat herzu und rief wie vorher: Samuel, Samuel! Und Samuel sprach: Rede, denn dein Knecht hört. Und der HERR sprach zu Samuel: Siehe, ich werde etwas tun in Israel, wovon jedem, der es hören wird, beide Ohren gellen werden. An dem Tage will ich über Eli kommen lassen, was ich gegen sein Haus geredet habe; ich will es anfangen und vollenden. Denn ich hab's ihm angesagt, daß ich sein Haus für immer richten will um der Schuld willen, daß er wußte, wie sich seine Söhne schändlich verhielten, und ihnen nicht gewehrt hat. Darum habe ich dem Hause Eli geschworen, daß die Schuld des Hauses Eli nicht gesühnt werden solle, weder mit Schlachtopfern noch mit Speisopfern immerdar.

Und Samuel lag bis an den Morgen und tat dann die Türen auf am Hause des HERRN. Samuel aber fürchtete sich, Eli anzusagen, was ihm offenbart worden war. Da rief ihn Eli und sprach: Samuel, mein Sohn! Er antwortete: Siehe, hier bin ich! Er sprach: Was war das für ein Wort, das er dir gesagt hat? Verschweige mir nichts. Gott tue dir dies und das, wenn du mir etwas verschweigst von all den Worten, die er dir gesagt hat. Da sagte ihm Samuel alles und verschwieg ihm nichts. Er aber sprach: Es ist der HERR; er tue, was ihm wohlgefällt.

Samuel aber wuchs heran, und der HERR war mit ihm und ließ keines von allen seinen Worten zur Erde fallen. Und ganz Israel von Dan bis Beerscheba erkannte, daß Samuel damit betraut war, Prophet des HERRN zu sein. Und der HERR erschien weiter zu Silo, denn der HERR offenbarte sich Samuel zu Silo durch sein Wort. Und Samuels Wort erging an ganz Israel.

(1. Samuel 3,1-21)

Der junge Samuel wird zu Eli gebracht ▷
Rundfenster aus dem 13. Jahrhundert, zweites Armenbibel-Fenster, Kathedrale, Canterbury, England.

Samuel, das von Gott erbetene Kind, wird ihm zu lebenslänglichem Dienst zurückgegeben (s. 1. Samuel 1). Dabei werden zugleich Opfergaben dargebracht. Der hebräische Text spricht von drei Stieren, wie sie hier dargestellt sind; wahrscheinlich ist ursprünglich ein dreijähriger Stier gemeint. Die Goldfarbe bedeutet, daß es sich um das wertvollste Tier der Herde handelt. In den Gefäßen am Boden befindet sich wahrscheinlich das als Opfergabe mitgebrachte Getreide. Auf dem goldenen Altar steht die Bundeslade mit den Gesetzestafeln, dem Aaronstab und einem Mannakrug (vgl. Hebräer 9,4). Die Inschrift, die um das Rundfenster läuft, bringt die Dreizahl der Gaben mit dem Geheimnis der göttlichen Dreieinigkeit in Verbindung.

Eli und der junge Samuel
Fenster aus dem 19. Jahrhundert, Kathedrale, Lincoln, England.

Der schlafende Eli kann Gottes Stimme nicht hören, während das kniende Kind Gottes Botschaft vernimmt. Die Anwesenheit Gottes wird ausgedrückt durch den siebenarmigen Leuchter und durch den zurückgeschobenen Tempelvorhang, der sonst das Allerheiligste verbirgt. Auf den beiden runden Feldern oben ist das Eintreffen der Samuel zuteil gewordenen Weissagung dargestellt (vgl. 1. Samuel 4).

...NT ET PHILIPPI HERODIS REGNA SABEI

+SIGNIFICAT DOM[I]N[V]M SAAV[?] PVER AMBORV[M] ...WANIA...
...PLEX OBLATIO TRIN[V]M...
...TRIPLEX MVNERA...

SACERDOS · REX

VNA FIDES NATI EX TRIBVS ET V[E]TATIS

1. Samuel

SAUL UND DAVID

Es begab sich aber, als David zurückkam vom Sieg über die Philister, daß die Frauen aus allen Städten Israels herausgingen mit Gesang und Reigen dem König Saul entgegen unter Jauchzen, mit Pauken und mit Zimbeln. Und die Frauen sangen im Reigen und sprachen: Saul hat tausend erschlagen, aber David zehntausend. Da ergrimmte Saul sehr, und das Wort mißfiel ihm, und er sprach: Sie haben David zehntausend gegeben und mir tausend; ihm wird noch das Königtum zufallen. Und Saul sah David scheel an von dem Tage an und hinfort.

Am andern Tage kam der böse Geist von Gott über Saul, und er geriet in Raserei in seinem Hause; David aber spielte auf den Saiten mit seiner Hand, wie er täglich zu tun pflegte. Und Saul hatte einen Spieß in der Hand und zückte den Spieß und dachte: Ich will David an die Wand spießen. David aber wich ihm zweimal aus. Und Saul fürchtete sich vor David; denn der HERR war mit ihm, aber von Saul war er gewichen.

(1. Samuel 18,6-12)

Auf den Seiten 44–51 sind die Bilder nach Motivzusammenhängen angeordnet. Die zeitliche Abfolge wäre: 46/47, 44, 48/49, 50, 45, 51.

Saul wirft den Speer auf David
Scheibe aus dem 14. Jahrhundert, deutsch, Kirche St. Etienne, Mülhausen, Elsaß, Frankreich.

Wutentbrannt will König Saul seinen Speer auf den jungen, Harfe spielenden David schleudern. Dessen Gesichtsausdruck zeigt Angst, im nächsten Moment wird er fliehen. Durch Verkürzung der Perspektive wird die Entfernung zwischen den dargestellten Personen vergrößert.

1. Samuel

DAS ENDE SAULS

Die Philister aber kämpften gegen Israel, und die Männer Israels flohen vor den Philistern und blieben erschlagen liegen auf dem Gebirge Gilboa. Und die Philister waren hinter Saul und seinen Söhnen her und erschlugen Jonatan und Abinadab und Malkischua, die Söhne Sauls. Und der Kampf tobte heftig um Saul, und die Bogenschützen fanden ihn, und er wurde schwer verwundet von den Schützen. Da sprach Saul zu seinem Waffenträger: Zieh dein Schwert und erstich mich damit, daß nicht diese Unbeschnittenen kommen und mich erstechen und treiben ihren Spott mit mir. Aber sein Waffenträger wollte nicht, denn er fürchtete sich sehr. Da nahm Saul das Schwert und stürzte sich hinein. Als nun sein Waffenträger sah, daß Saul tot war, stürzte auch er sich in sein Schwert und starb mit ihm. So starben Saul und seine drei Söhne und sein Waffenträger und alle seine Männer miteinander an diesem Tage.

(1. Samuel 31,1-6)

Das Ende König Sauls
Teil einer Lanzette unter der nördlichen Rosette, 13. Jahrhundert, Kathedrale, Chartres, Frankreich.

Die Krone und die Gewänder in Rot, Königsblau und Gold sind die Kennzeichen der königlichen Herrschaft Sauls. Der Mittelpunkt des Bildes ist die helle Schneide des großen Schwertes, eines Zweihänders, mit dem Saul sich selbst tötet nach der verlorenen Schlacht gegen die Philister am Gilboa-Gebirge. Die linke Hand Sauls ist zu einem letzten Abschiedsgruß erhoben.

1. Samuel – Jesaja

DER SPROSS AUS DER WURZEL ISAI

Der HERR sprach zu Samuel: Fülle dein Horn mit Öl und geh hin: ich will dich senden zu dem Bethlehemiter Isai; denn unter seinen Söhnen hab ich mir einen zum König ersehen. Und du sollst Isai zum Opfer laden. Da will ich dich wissen lassen, was du tun sollst, daß du mir den salbest, den ich dir nennen werde.

Samuel tat, wie ihm der HERR gesagt hatte, und kam nach Bethlehem. Und er heiligte den Isai und seine Söhne und lud sie zum Opfer. Als sie nun kamen, sah er den Eliab an und dachte: Fürwahr, da steht vor dem HERRN sein Gesalbter. Aber der HERR sprach zu Samuel: Sieh nicht an sein Aussehen und seinen hohen Wuchs; ich habe ihn verworfen. Denn nicht sieht der HERR auf das, worauf ein Mensch sieht. Ein Mensch sieht, was vor Augen ist; der HERR aber sieht das Herz an. Da rief Isai den Abinadab und ließ ihn an Samuel vorübergehen. Und er sprach: Auch diesen hat der HERR nicht erwählt. So ließ Isai seine sieben Söhne an Samuel vorübergehen; aber Samuel sprach zu Isai: Der HERR hat keinen von ihnen erwählt.

Und Samuel sprach zu Isai: Sind das die Knaben alle? Er aber sprach: Es ist noch übrig der jüngste; siehe, er hütet die Schafe. Da sprach Samuel zu Isai: Sende hin und laß ihn holen; denn wir werden uns nicht niedersetzen, bis er hierherkommt. Da sandte er hin und ließ ihn holen. Und er war bräunlich, mit schönen Augen und von guter Gestalt. Und der HERR sprach: Auf, salbe ihn, denn der ist's. Da nahm Samuel sein Ölhorn und salbte ihn mitten unter seinen Brüdern.

(1. Samuel 16,1-13; gekürzt)

Und es wird ein Reis hervorgehen aus dem Stamm Isais und ein Zweig aus seiner Wurzel Frucht bringen. Auf ihm wird ruhen der Geist des HERRN, der Geist der Weisheit und des Verstandes, der Geist des Rates und der Stärke, der Geist der Erkenntnis und der Furcht des HERRN. Er wird mit Gerechtigkeit richten die Armen und rechtes Urteil sprechen den Elenden im Lande, und er wird mit dem Stabe seines Mundes den Gewalttätigen schlagen und mit dem Odem seiner Lippen den Gottlosen töten. Gerechtigkeit wird der Gurt seiner Lenden sein und die Treue der Gurt seiner Hüften. Da werden die Wölfe bei den Lämmern wohnen und die Panther bei den Böcken lagern. Ein kleiner Knabe wird Kälber und junge Löwen und Mastvieh miteinander treiben. Kühe und Bären werden zusammen weiden, daß ihre Jungen beieinander liegen, und Löwen werden Stroh fressen wie die Rinder. Und ein Säugling wird spielen am Loch der Otter, und ein entwöhntes Kind wird seine Hand stecken in die Höhle der Natter. Man wird nirgends Sünde tun noch freveln auf meinem ganzen heiligen Berge; denn das Land wird voll Erkenntnis des HERRN sein, wie Wasser das Meer bedeckt.

Und es wird geschehen zu der Zeit, daß das Reis aus der Wurzel Isais dasteht als Zeichen für die Völker. Nach ihm werden die Heiden fragen, und die Stätte, da er wohnt, wird herrlich sein.

(Jesaja 11,1-2.4-10)

Die Wurzel Jesse
Lanzettfenster, Westwand des Schiffes, Kathedrale, Chartres, Frankreich; 1140–50, restauriert.

Vielleicht die schönste Darstellung dieses Themas. Das Motiv geht auf die Prophetie in Jesaja 11,1 zurück: Aus dem Geschlecht Davids, repräsentiert durch dessen Vater Isai (griechisch Jesse), wird ein neuer, davidgleicher König, der Messias, entspringen — ursprünglich als ein radikaler Neuanfang aus einer Seitenlinie, an David und seinen Nachkommen vorbei. Das Mittelalter hat daraus einen Stammbaum Christi entwickelt, der über David zurück auf Isai führt. Er wächst hier aus dessen Hüfte. Die mittleren Scheiben zeigen zwischen David und Christus drei Könige und Jesu Mutter Maria. Christus ist von sieben weißen Tauben umgeben, welche die Gaben des heiligen Geistes darstellen; auch ihre Siebenzahl geht auf den Text aus Jesaja 11 zurück. Vierzehn Propheten, die das Kommen des Messias ankündigen, umrahmen den Baum in halbkreisförmigen Einlassungen.

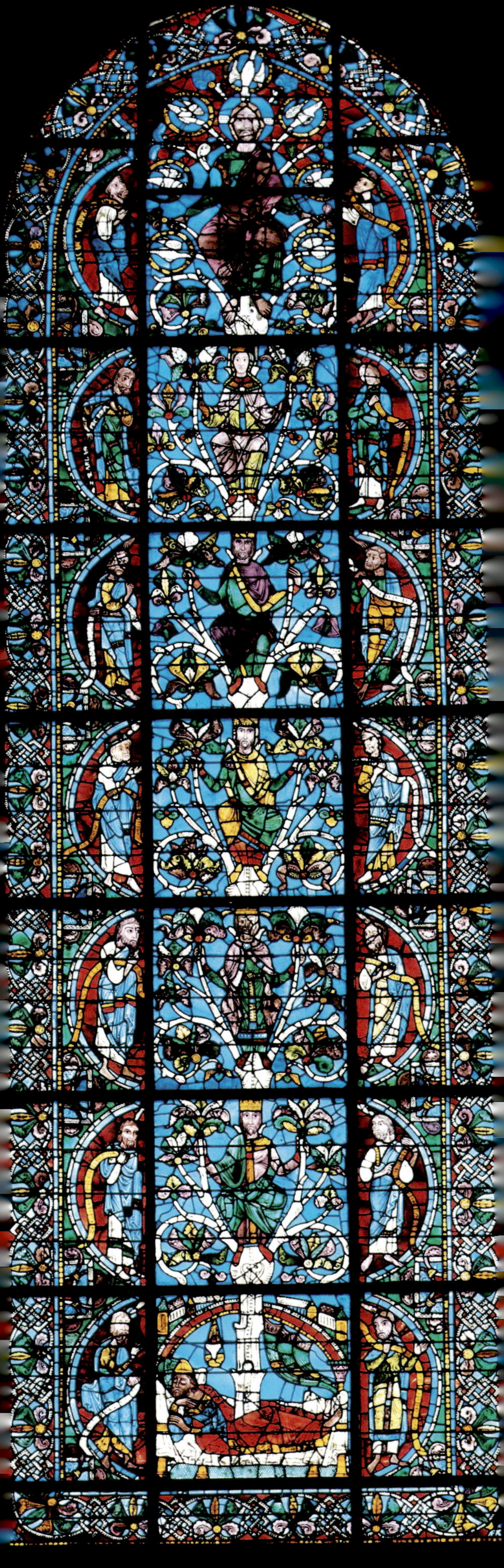

1. Samuel

DAVIDS SIEG ÜBER GOLIAT

Der Philister sprach zu David: Bin ich denn ein Hund, daß du mit Stecken zu mir kommst? Komm her zu mir, ich will dein Fleisch den Vögeln unter dem Himmel geben und den Tieren auf dem Felde. David aber sprach zu dem Philister: Du kommst zu mir mit Schwert, Lanze und Spieß, ich aber komme zu dir im Namen des HERRN, den du verhöhnt hast. Heute wird dich der HERR in meine Hand geben, daß ich dich erschlage und dir den Kopf abhaue und gebe deinen Leichnam und die Leichname des Heeres der Philister heute den Vögeln unter dem Himmel und dem Wild auf der Erde, damit alle Welt innewerde, daß Israel einen Gott hat.

(1. Samuel 17,43-46; gekürzt)

David und Goliat ▷
Fenster aus dem 20. Jahrhundert, Kirche St. Peter Mancroft, Norwich, Norfolk, England.

Eine sehr stilisierte Darstellung, aus der jedoch die Liebe zum Detail spricht. David hat nur einen Hirtenstab, einen Wassersack und eine Schleuder aus Lederriemen. Goliat, der schon am Kopf getroffen zu Boden sinkt, besitzt dagegen einen mächtigen Schild mit dem Kopf einer furchterweckenden heidnischen Gottheit, dazu ein großes Schwert, einen schweren Speer und metallene Beinschienen.

David und Goliat
Scheibe aus dem Vyner-Gedächtnis-Fenster von Edward Burne-Jones, Lady Chapel, Christ Church-Kathedrale, Oxford, England.

Das Fenster, das Samuel, David, Johannes und Timotheus als junge Männer zeigt — neben einigen kleineren Szenen unten —, hält die Erinnerung wach an einen jungen Oxford-Studenten aus dem 19. Jahrhundert, der in Griechenland von Räubern erschlagen wurde. In diesem Fenster bilden die Bleiruten einen aussagekräftigen Teil der Gesamtdarstellung. Beachtenswert auch der Kontrast zwischen dem grimmigen Riesen und dem jugendlichen David, dessen Gesicht gefaßt und entschlossen wirkt. Das Band trägt die Inschrift: »Tua est, Domine, victoria« (»Dein, Herr, ist der Sieg«).

1. Samuel

1. Samuel

Michal verhilft David zur Flucht
Scheibe aus dem Fenster Becket's Crown, Chapel of Saints and Martyrs of Our Own Time, Kathedrale, Canterbury, Kent, England.

Michal verhilft David zur Flucht
Scheibe aus dem 14. Jahrhundert, deutsch, St. Etienne, Mülhausen, Elsaß, Frankreich.

David ist erstaunlich klein dargestellt. Zwei Soldaten in mittelalterlicher Rüstung mit Hellebarden werden von Michal am Betreten des Hauses gehindert.

DAVID MUSS VOR SAUL FLIEHEN

Der böse Geist vom HERRN kam über Saul, und Saul saß in seinem Hause und hatte seinen Spieß in der Hand. David aber spielte mit der Hand auf den Saiten. Und Saul trachtete danach, David mit dem Spieß an die Wand zu spießen. Er aber wich aus vor Saul, und der Spieß fuhr in die Wand. David aber floh und entrann.

In jener Nacht aber sandte Saul Boten zu Davids Haus, ihn zu bewachen, um ihn am Morgen zu töten. Doch Michal, Davids Frau, sagte es ihrem Mann und sprach: Wirst du nicht diese Nacht dein Leben retten, so mußt du morgen sterben. Da ließ ihn Michal durchs Fenster hinab, daß er floh und entrinnen konnte. Dann nahm Michal das Götzenbild und legte es aufs Bett und ein Geflecht von Ziegenhaaren zu seinen Häupten und deckte ein Kleid darauf. Da sandte Saul Boten, um David zu holen. Sie aber sprach: Er ist krank. Saul sandte abermals Boten, nach David zu sehen, und sprach: Bringt ihn her zu mir samt dem Bett, daß er getötet werde! Als nun die Boten kamen, siehe, da lag das Götzenbild im Bett und das Geflecht von Ziegenhaaren zu seinen Häupten.

(1. Samuel 19,9-16)

2. Samuel

DAVID, KÖNIG UND SÄNGER

Es spricht David, der Sohn Isais, es spricht der Mann, der hoch erhoben ist, der Gesalbte des Gottes Jakobs, der Liebling der Lieder Israels: Der Geist des HERRN hat durch mich geredet, und sein Wort ist auf meiner Zunge. Es hat der Gott Israels zu mir gesprochen, der Fels Israels hat geredet: Wer gerecht herrscht unter den Menschen, wer herrscht in der Furcht Gottes, der ist wie das Licht des Morgens, wenn die Sonne aufgeht, am Morgen ohne Wolken. Und wie das Gras nach dem Regen aus der Erde bricht, so ist mein Haus fest bei Gott; denn er hat mir einen ewigen Bund gesetzt, in allem wohl geordnet und gesichert. All mein Heil und all mein Begehren wird er gedeihen lassen. Aber die nichtswürdigen Leute sind allesamt wie verwehte Disteln; sie werden mit Feuer verbrannt an ihrer Stätte.

(2. Samuel 23,1-7)

König David
Teil der Salomo-Scheibe, jetzt im Landesmuseum Münster, Westfalen; 1360–70.

David scheint hier in mürrischer Gemütsverfassung zu sein. Er trägt einen kurzen, weißen Umhang, der allerdings nicht die für königliches Hermelin charakteristische Zeichnung aufweist.

König David ▽
Teil des Wurzel-Jesse-Fensters, Kirche St. Dyfnog, Llanrhaeadr, Nordwales; 1533.

König David spielt hier nachdenklich auf seiner Harfe. Er ist prächtig gekleidet mit einem hermelinbesetzten Umhang, apfelgrünen Beinkleidern und einem Kronreif über dem Barett.

1. Könige

SALOMO UND DIE KÖNIGIN VON SABA

Als die Königin von Saba die Kunde von Salomo vernahm, kam sie, um Salomo mit Rätselfragen zu prüfen. Und sie kam nach Jerusalem mit einem sehr großen Gefolge, mit Kamelen, die Spezerei trugen und viel Gold und Edelsteine. Und als sie zum König Salomo kam, redete sie mit ihm alles, was sie sich vorgenommen hatte. Und Salomo gab ihr Antwort auf alles, und es war dem König nichts verborgen, was er ihr nicht hätte sagen können. Als aber die Königin von Saba alle Weisheit Salomos sah und das Haus, das er gebaut hatte, und die Speisen für seinen Tisch und die Rangordnung seiner Großen und das Aufwarten seiner Diener und ihre Kleider und seine Mundschenken und seine Brandopfer, die er in dem Hause des HERRN opferte, geriet sie vor Staunen außer sich und sprach zum König: Es ist wahr, was ich in meinem Lande von deinen Taten und von deiner Weisheit gehört habe. Und ich hab's nicht glauben wollen, bis ich gekommen bin und es mit eigenen Augen gesehen habe. Und siehe, nicht die Hälfte hat man mir gesagt. Du hast mehr Weisheit und Güter, als die Kunde sagte, die ich vernommen habe. Glücklich sind deine Männer und deine Großen, die allezeit vor dir stehen und deine Weisheit hören. Gelobt sei der HERR, dein Gott, der an dir Wohlgefallen hat, so daß er dich auf den Thron Israels gesetzt hat! Weil der HERR Israel liebhat ewiglich, hat er dich zum König gesetzt, daß du Recht und Gerechtigkeit übst.

Und sie gab dem König hundertundzwanzig Zentner Gold und sehr viel Spezerei und Edelsteine. Es kam nie mehr soviel Spezerei ins Land, wie die Königin von Saba dem König Salomo gab. Und der König Salomo gab der Königin von Saba alles, was ihr gefiel und was sie erbat, außer dem, was er ihr von sich aus gab. Und sie wandte sich und zog in ihr Land mit ihrem Gefolge.

(1. Könige 10,1-10.13)

Salomo und die Königin von Saba
Fenster von Wouter Crabeth, Kirche St. Johann, Gouda, Niederlande; 1561.

Königliche Löwen umlagern Salomos Thron, schwerbewaffnete Soldaten bewachen ihn. Im Hintergrund Rosse und Kamele, die zur Karawane der Königin von Saba gehören könnten. Dieses Fenster ist das erste von 4 Fenstern, die Wouter Crabeth (gest. vor 1590) in der Kirche St. Johann schuf.

1. Könige

1. Könige

KÖNIG JEROBEAMS EIGENMÄCHTIGER GOTTESDIENST

Einst opferte Jerobeam auf dem Altar, den er gemacht hatte in Bethel, am fünfzehnten Tage im achten Monat, den er sich in seinem Herzen ausgedacht hatte, und machte den Israeliten ein Fest und stieg auf den Altar, um zu opfern. Und siehe, ein Mann Gottes kam von Juda auf das Wort des HERRN hin nach Bethel, während Jerobeam noch auf dem Altar stand und opferte. Und er rief gegen den Altar auf das Wort des HERRN hin und sprach: Altar, Altar! So spricht der HERR: Siehe, es wird ein Sohn dem Hause David geboren werden, mit Namen Josia; der wird auf dir schlachten die Priester der Höhen, die auf dir opfern, und wird Menschengebein auf dir verbrennen.

Und er gab an dem Tag ein Wunderzeichen und sprach: Das ist das Zeichen dafür, daß der HERR geredet hat: Siehe, der Altar wird bersten und die Asche verschüttet werden, die darauf ist.

Als aber der König das Wort von dem Mann Gottes hörte, der gegen den Altar in Bethel rief, streckte er seine Hand aus auf dem Altar und sprach: Greift ihn! Und seine Hand verdorrte, die er gegen ihn ausgestreckt hatte, und er konnte sie nicht wieder an sich ziehen. Und der Altar barst, und die Asche wurde verschüttet vom Altar nach dem Wunderzeichen, das der Mann Gottes gegeben hatte auf das Wort des HERRN hin.

(1. Könige 12,33—13,5)

König Rehabeam ▷
Teil des Großen Westfensters, Kathedrale, Canterbury, Kent, England; ca. 1190.

Rehabeam (lateinisch Roboas) sitzt auf einem Thron, trägt aber keine Krone. Seine kurzen Stiefel aus weichem, grünen Leder sind typisch für die Zeit um 1190. Von König Rehabeam handeln 1. Könige 12,1-19 und 14,21-31.

Warnung an König Jerobeam
Scheibe aus dem 13. Jahrhundert, zweites Armenbibel-Fenster, Kathedrale, Canterbury, England.

König Jerobeam hat schon die Kehle des Opferlamms durchschnitten. Der jugendliche Prophet trägt eine Schriftrolle als Zeichen seiner Botschaft. Das Schriftband über ihm enthält die Warnung an ihn selbst aus 1. Könige 13,9.

1. Könige

55

2. Könige

ELIA UND ELISA

Als der HERR Elia im Wetter gen Himmel holen wollte, gingen Elia und Elisa von Gilgal weg. Und Elia sprach zu Elisa: Bleibe du hier, denn der HERR hat mich nach Bethel gesandt. Elisa aber sprach: So wahr der HERR lebt und du lebst: ich verlasse dich nicht.

Und als sie hinab nach Bethel kamen, gingen die Prophetenjünger, die in Bethel waren, heraus zu Elisa und sprachen zu ihm: Weißt du auch, daß der HERR heute deinen Herrn von dir hinwegnehmen wird? Er aber sprach: Auch ich weiß es wohl; schweigt nur still.

Und Elia sprach zu ihm: Elisa, bleib du hier, denn der HERR hat mich nach Jericho gesandt. Er aber sprach: So wahr der HERR lebt und du lebst: ich verlasse dich nicht.

Und als sie nach Jericho kamen, traten die Prophetenjünger, die in Jericho waren, zu Elisa und sprachen zu ihm: Weißt du auch, daß der HERR heute deinen Herrn von dir hinwegnehmen wird? Er aber sprach: Auch ich weiß es wohl; schweigt nur still.

Und Elia sprach zu ihm: Bleib du hier, denn der HERR hat mich an den Jordan gesandt. Er aber sprach: So wahr der HERR lebt und du lebst: ich verlasse dich nicht. Und es gingen die beiden miteinander.

Und fünfzig von den Prophetenjüngern gingen hin und standen von ferne; aber die beiden standen am Jordan. Da nahm Elia seinen Mantel und wickelte ihn zusammen und schlug ins Wasser; das teilte sich nach beiden Seiten, so daß die beiden auf trockenem Boden hinübergingen.

Und als sie hinüberkamen, sprach Elia zu Elisa: Bitte, was ich dir tun soll, ehe ich von dir genommen werde. Elisa sprach: Daß mir zwei Anteile von deinem Geiste zufallen. Er sprach: Du hast Schweres erbeten. Doch wenn du mich sehen wirst, wie ich von dir genommen werde, so wird's geschehen; wenn nicht, so wird's nicht sein.

Und als sie miteinander gingen und redeten, siehe, da kam ein feuriger Wagen mit feurigen Rossen, die schieden die beiden voneinander. Und Elia fuhr im Wetter gen Himmel. Elisa aber sah es und schrie: Mein Vater, mein Vater, du Wagen Israels und sein Gespann! und sah ihn nicht mehr.

Da faßte er seine Kleider, zerriß sie in zwei Stücke und hob den Mantel auf, der Elia entfallen war, und kehrte um und trat wieder an das Ufer des Jordans. Und er nahm den Mantel, der Elia entfallen war, und schlug ins Wasser und sprach: Wo ist nun der HERR, der Gott Elias? und schlug ins Wasser. Da teilte es sich nach beiden Seiten, und Elisa ging hindurch.

Elias Himmelfahrt
Scheibe, deutsch, jetzt Landesmuseum Münster, Westfalen; 1360–70.

Elias Wagen ist von Flammen umzingelt, ohne daß diese auf ihn übergreifen. Mit hölzernen Rädern und dem Joch an der Deichsel, das zur Steuerung durch die Füße des Fahrers dient, entspricht der Wagen der Technik des 14. Jahrhunderts. Elia ist kahlköpfig. Sein langes, weißes Obergewand — das Zeichen seiner prophetischen Gabe — fällt seinem Nachfolger Elisa zu. Die lateinische Inschrift zitiert Elisas Ausruf von 2. Könige 2,12.

2. Könige

Elia und Elisa
Teil eines Fensters aus dem 17. Jahrhundert von Abraham van Linge, University College Chapel, Oxford, England.

Ganz offenkundig ist die Farbe nur aufgetragen, sie blättert teilweise ab. Elia überläßt seinen Mantel Elisa. Dieser ist – barfüßig – im unteren Bildteil dreimal dargestellt. Die Menschengruppe, eine Prophetengemeinschaft, scheint vom Geschehen unberührt. Wollte der Künstler damit zum Ausdruck bringen, daß sie den feurigen Wagen nicht sehen konnte?

Und als das die Prophetenjünger sahen, die gegenüber bei Jericho waren, sprachen sie: Der Geist Elias ruht auf Elisa, und sie gingen ihm entgegen und fielen vor ihm nieder zur Erde und sprachen zu ihm: Siehe, es sind unter deinen Knechten fünfzig starke Männer, die laß gehen und deinen Herrn suchen. Vielleicht hat ihn der Geist des HERRN genommen und auf irgendeinen Berg oder in irgendein Tal geworfen.

Er aber sprach: Laßt sie nicht gehen! Aber sie nötigten ihn, bis er nachgab und sprach: Laßt sie hingehen! Und sie sandten hin fünfzig Männer, und diese suchten Elia drei Tage; aber sie fanden ihn nicht. Und sie kamen zu Elisa zurück, als er noch in Jericho war, und er sprach zu ihnen: Sagte ich euch nicht, ihr solltet nicht hingehen?

(2. Könige 2,1-18)

Daniel

DANIEL IN DER LÖWENGRUBE

Der König befahl, Daniel herzubringen. Und sie warfen ihn zu den Löwen in die Grube. Der König aber sprach zu Daniel: Dein Gott, dem du ohne Unterlaß dienst, der helfe dir! Und sie brachten einen Stein, den legten sie vor die Öffnung der Grube; den versiegelte der König mit seinem eigenen Ring.

Früh am Morgen, als der Tag anbrach, stand der König auf und ging eilends zur Grube, wo die Löwen waren. Und als er zur Grube kam, rief er Daniel mit angstvoller Stimme. Und der König sprach zu Daniel: Daniel, du Knecht des lebendigen Gottes, hat dich dein Gott, dem du ohne Unterlaß dienst, auch erretten können von den Löwen?

Daniel aber redete mit dem König: Der König lebe ewig! Mein Gott hat seinen Engel gesandt, der den Löwen den Rachen zugehalten hat, so daß sie mir kein Leid antun konnten; denn vor ihm bin ich unschuldig, und auch gegen dich, mein König, habe ich nichts Böses getan. Da wurde der König sehr froh und ließ Daniel aus der Grube herausziehen. Und sie zogen Daniel aus der Grube heraus, und man fand keine Verletzung an ihm; denn er hatte seinem Gott vertraut.

(Daniel 6,17-18.20-24)

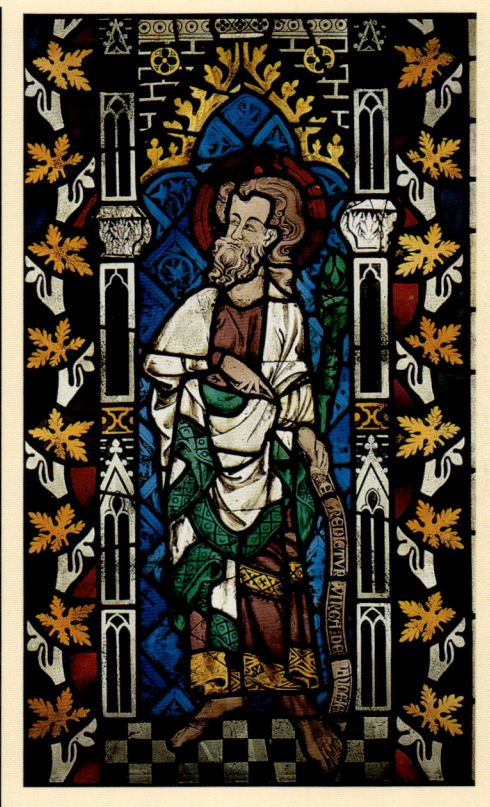

Der Prophet Jesaja △
Scheibe aus dem 14. Jahrhundert, Ostfenster, Kathedrale, Exeter, Devon, England.

Der Prophet Jesaja deutet auf ein Schriftband, auf dem seine Weissagung von der »Wurzel Jesse« steht (s. das Motiv auf S. 47).

Daniel in der Löwengrube
Scheibe aus dem 14. Jahrhundert, deutsch, Kirche St. Etienne, Mülhausen, Elsaß, Frankreich.

Daniel wird in der Löwengrube nicht nur vor den hungrigen Löwen bewahrt, sondern sogar selbst mit Essen versorgt. Nach den apokryphen Zusätzen zum Buch Daniel wird dazu der Prophet Habakuk (oben links) aus dem Land Israel von einem Engel (oben rechts) durch die Lüfte nach Babel gebracht, um Daniel den Brei zu bringen, den er soeben für sich gekocht hat.

Daniel

Die drei Männer im Feuerofen
Rundfenster aus dem 17. Jahrhundert, jetzt im Hessischen Landesmuseum, Darmstadt.

Eine Fülle von Einzelheiten gibt diesem Rundfenster seinen Reiz. Hierzu zählt das an der Rüstung Nebukadnezars und zweier seiner Soldaten an der Schulter plastisch herausgearbeitete Gesicht einer heidnischen Gottheit und der mit Pfeilen gefüllte Köcher eines Soldaten. Die Stadt liegt im Osten, im Lande des Propheten Mohammed, wie die vielen Halbmonde anzeigen. Die drei Männer im Feuerofen werden von einem Engel beschützt, während die Schaulustigen kaum ihr Leben vor den herausschlagenden Flammen retten können.

DIE DREI MÄNNER IM FEUEROFEN

Man schürte das Feuer im Ofen so sehr, daß die Männer, die Schadrach, Meschach und Abed-Nego hinaufbrachten, von den Feuerflammen getötet wurden. Aber die drei Männer fielen hinab in den glühenden Ofen, gebunden wie sie waren.

Da entsetzte sich der König Nebukadnezar, fuhr auf und sprach zu seinen Räten: Haben wir nicht drei Männer gebunden in das Feuer werfen lassen? Sie antworteten und sprachen zum König: Ja, König. Er antwortete und sprach: Ich sehe aber vier Männer frei im Feuer umhergehen, und sie sind unversehrt; und der vierte sieht aus, als wäre er ein Sohn der Götter. Und Nebukadnezar trat vor die Tür des glühenden Ofens und sprach: Schadrach, Meschach und Abed-Nego, ihr Knechte Gottes des Höchsten, tretet heraus und kommt her! Da traten Schadrach, Meschach und Abed-Nego heraus aus dem Feuer.

(Daniel 3,22-26)

DER PROPHET AMOS

Höret ihr vom Hause Israel, dies Wort; denn ich muß dies Klagelied über euch anstimmen: Die Jungfrau Israel ist gefallen, daß sie nicht wieder aufstehen wird; sie ist zu Boden gestoßen, und niemand ist da, der ihr aufhelfe. Denn so spricht Gott der HERR: Die Stadt, aus der Tausend zum Kampf ausziehen, soll nur Hundert übrigbehalten, und aus der Hundert ausziehen, die soll nur Zehn übrigbehalten im Hause Israel.

Denn so spricht der HERR zum Hause Israel: Suchet mich, so werdet ihr leben. Suchet nicht Bethel und kommt nicht nach Gilgal und geht nicht nach Beerscheba; denn Gilgal wird gefangen weggeführt werden, und Bethel wird zunichte werden. Suchet den HERRN, so werdet ihr leben, daß er nicht daherfahre über das Haus Josef wie ein verzehrendes Feuer, das niemand löschen kann zu Bethel — die ihr das Recht in Wermut verkehrt und die Gerechtigkeit zu Boden stoßt.

Darum, weil ihr die Armen unterdrückt und nehmt von ihnen hohe Abgaben an Korn, so sollt ihr in den Häusern nicht wohnen, die ihr von Quadersteinen gebaut habt, und den Wein nicht trinken, den ihr in den feinen Weinbergen gepflanzt habt. Denn ich kenne eure Freveltaten, die so viel sind, und eure Sünden, die so groß sind, wie ihr die Gerechten bedrängt und Bestechungsgeld nehmt und die Armen im Tor unterdrückt.

Ich bin euren Feiertagen gram und verachte sie und mag eure Versammlungen nicht riechen. Und wenn ihr mir auch Brandopfer und Speisopfer opfert, so habe ich kein Gefallen daran und mag auch eure fetten Dankopfer nicht ansehen. Tu weg von mir das Geplärr deiner Lieder; denn ich mag dein Harfenspiel nicht hören! Es ströme aber das Recht wie Wasser und die Gerechtigkeit wie ein nie versiegender Bach.

(Amos 5,1-24; gekürzt)

Da sandte Amazja, der Priester in Bethel, zu Jerobeam, dem König von Israel, und ließ ihm sagen: Der Amos macht einen Aufruhr gegen dich im Hause Israel; das Land kann seine Worte nicht ertragen. Denn so spricht Amos: Jerobeam wird durchs Schwert sterben, und Israel wird aus seinem Lande gefangen weggeführt werden. Und Amazja sprach zu Amos: Du Seher, geh weg und flieh ins Land Juda und iß dort dein Brot und weissage daselbst. Aber weissage nicht mehr in Bethel; denn es ist des Königs Heiligtum und der Tempel des Königreichs.

Amos antwortete und sprach zu Amazja: Ich bin kein Prophet noch ein Prophetenjünger, sondern ich bin ein Hirt, der Maulbeeren züchtet. Aber der HERR nahm mich von der Herde und sprach zu mir: Geh hin und weissage meinem Volk Israel! So höre nun des HERRN Wort! Du sprichst: Weissage nicht wider Israel und eifere nicht wider das Haus Isaak! Darum spricht der HERR: Deine Frau wird in der Stadt zur Hure werden, und deine Söhne und Töchter sollen durchs Schwert fallen, und dein Acker soll mit der Meßschnur ausgeteilt werden. Du aber sollst in einem unreinen Lande sterben, und Israel soll aus seinem Lande vertrieben werden.

(Amos 7,10-17)

Offenbarung durch einen Engel
Ein Engel kündigt Joachim, dem Vater Marias, die Geburt seiner Tochter an. Flämische Scheibe, vermutlich aus einem Stift in Löwen, Belgien, jetzt in St. Mary, Shrewsbury, Shropshire, England; 1525-30.

Die Darstellung aus der apokryphen Legende von der Geburt Marias könnte man als Illustration der Berufung des Herdenbesitzers Amos ansehen, auch wenn diese nicht durch einen Engel vermittelt war. Der Dargestellte trägt die Kleidung eines wohlhabenden Mannes. Er befindet sich auf einer Weide; in der Ferne sind zwei Burgen zu erkennen. Barhäuptig kniet er nieder, den Hut hat er schon ehrfürchtig abgenommen. Schäfer und Schafe der nahen Herde sind durch den himmlischen Boten in Erschrecken und Angst geraten.

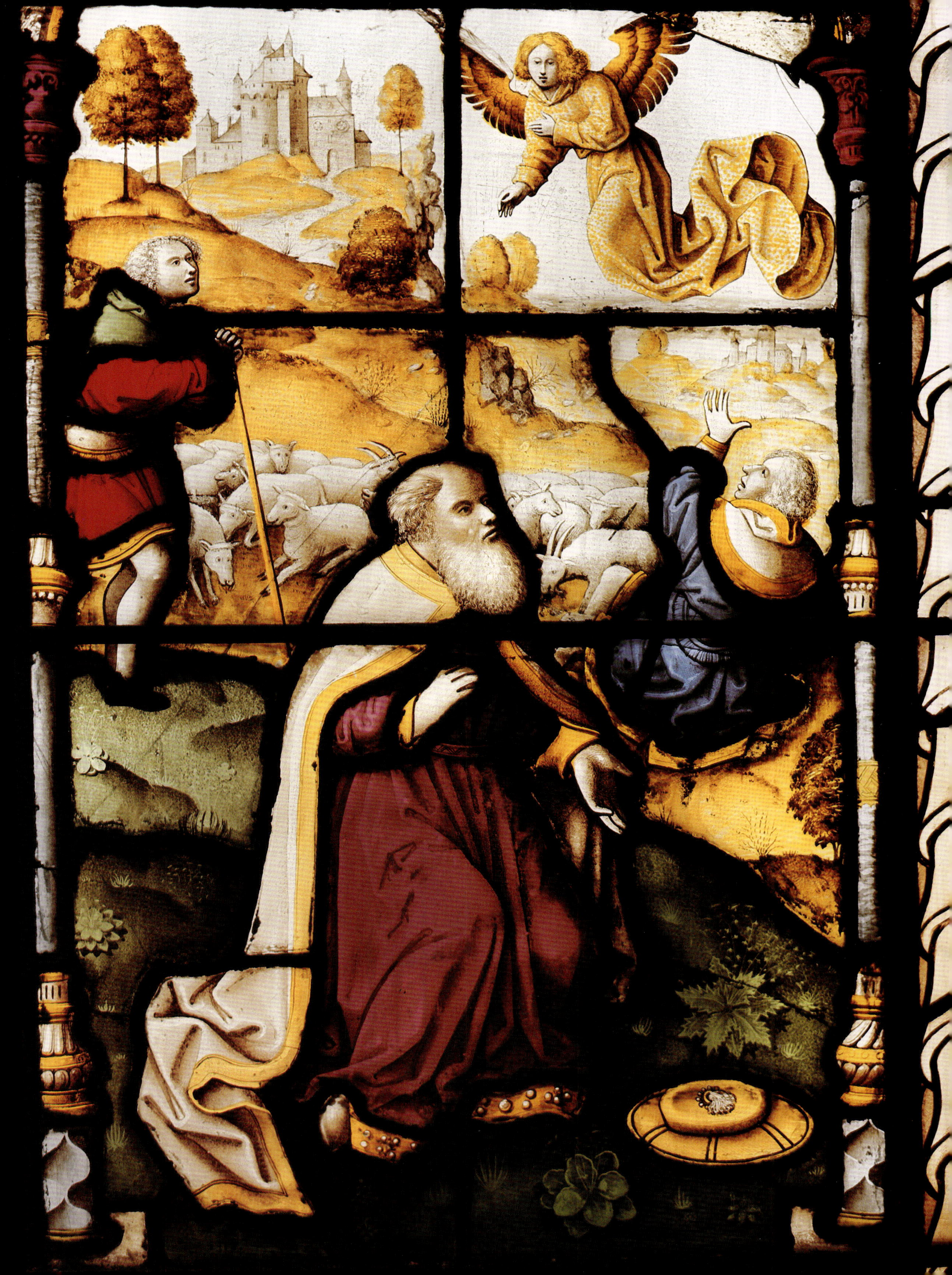

Jona

JONA UND DER GROSSE FISCH

Der Herr ließ einen großen Fisch kommen, Jona zu verschlingen. Und Jona war im Leibe des Fisches drei Tage und drei Nächte. Und Jona betete zu dem Herrn, seinem Gott, im Leibe des Fisches und sprach:

Ich rief zu dem Herrn in meiner Angst, und er antwortete mir. Ich schrie aus dem Rachen des Todes, und du hörtest meine Stimme. Du warfest mich in die Tiefe, mitten ins Meer, daß die Fluten mich umgaben. Alle deine Wogen und Wellen gingen über mich, daß ich dachte, ich wäre von deinen Augen verstoßen, ich würde deinen heiligen Tempel nicht mehr sehen. Wasser umgaben mich und gingen mir ans Leben, die Tiefe umringte mich, Schilf bedeckte mein Haupt. Ich sank hinunter zu der Berge Gründen, der Erde Riegel schlossen sich hinter mir ewiglich.

Aber du hast mein Leben aus dem Verderben geführt, Herr, mein Gott! Als meine Seele in mir verzagte, gedachte ich an den Herrn, und mein Gebet kam zu dir in deinen heiligen Tempel. Ich will mit Dank dir Opfer bringen. Meine Gelübde will ich erfülllen dem Herrn, der mir geholfen hat.

Und der Herr sprach zu dem Fisch, und der spie Jona aus ans Land.

(Jona 2,1-11; gekürzt)

Jona und der große Fisch ▷
Scheibe aus dem 14. Jahrhundert, deutsch, St. Etienne, Mülhausen, Elsaß, Frankreich.

Jona ist hier ein alter Mann; bis zur Hüfte steckt er im Rachen des großen, grotesk wirkenden Fisches. Die Hände sind in stilisierter Gebetshaltung erhoben, die weit geöffneten Augen blicken demütig bittend zum Himmel.

Jona wird über Bord geworfen
Scheibe aus dem 13. Jahrhundert, Mittelfenster der Corona, Kathedrale, Canterbury, Kent, England.

Die See hat weiße Schaumkronen. Wegen des gefährlichen Sturms ist das Segel gerefft. Jona sieht zum Himmel und erhebt seine Hände in demütiger Bitte um Rettung.

Jona

DAS NEUE TESTAMENT

Der thronende Christus
Scheibe aus dem 13. Jahrhundert, Chapel of the Saints and Martyrs of Our Own Time, Kathedrale, Canterbury, Kent, England.

Der thronende Christus hält in der linken Hand das »Buch des neuen Bundes«, das Neue Testament. Die vier Evangelisten sind (im Gegenuhrzeigersinn) durch einen Engel (Matthäus), einen geflügelten Löwen (Markus), einen geflügelten Stier (Lukas) und einen Adler (Johannes) dargestellt. Alle sehen auf Christus, die Quelle ihrer Inspiration.

Die Evangelisten

Der Evangelist Matthäus
Scheibe aus dem 16. Jahrhundert, südliches Seitenschiff, Pfarrkirche St. Neot, Cornwall, England.

Der Evangelist Matthäus mit dem Evangelienbuch und darauf seinem Zeichen, einem Engel. Auf den Spruchbändern stehen jeweils die lateinischen Anfangsworte der betreffenden Evangelien (bei Markus Vers 2, bei Lukas Vers 5).

Der Evangelist Markus
Scheibe aus dem 16. Jahrhundert, südliches Seitenschiff, Pfarrkirche St. Neot, Cornwall, England.

Der Evangelist Markus zeigt auf sein Zeichen, den geflügelten Löwen.
Durch Markus als Schutzpatron wurde diese Tiergestalt zum Hoheitszeichen des mittelalterlichen Venedig.

Die Evangelisten

Der Evangelist Lukas
Scheibe aus dem 16. Jahrhundert, südliches Seitenschiff, Pfarrkirche St. Neot, Cornwall, England.

Der Evangelist Lukas mit seinem Zeichen, dem Stier.

Der Evangelist Johannes
Scheibe aus dem 16. Jahrhundert, südliches Seitenschiff, Pfarrkirche St. Neot, Cornwall, England.

Johannes, dargestellt als junger Mann, hält in der rechten Hand einen übergroßen Federkiel. Sein Zeichen ist der Adler.

Lukas

DIE VERKÜNDIGUNG AN MARIA

Im sechsten Monat wurde der Engel Gabriel von Gott gesandt in eine Stadt in Galiläa, die heißt Nazareth, zu einer Jungfrau, die vertraut war einem Mann mit Namen Josef vom Hause David; und die Jungfrau hieß Maria. Und der Engel kam zu ihr hinein und sprach: Sei gegrüßt, du Begnadete! Der Herr ist mit dir! Sie aber erschrak über die Rede und dachte: Welch ein Gruß ist das? Und der Engel sprach zu ihr: Fürchte dich nicht, Maria, du hast Gnade bei Gott gefunden. Siehe, du wirst schwanger werden und einen Sohn gebären, und du sollst ihm den Namen Jesus geben. Der wird groß sein und Sohn des Höchsten genannt werden; und Gott der Herr wird ihm den Thron seines Vaters David geben, und er wird König sein über das Haus Jakob in Ewigkeit, und sein Reich wird kein Ende haben.

Da sprach Maria zu dem Engel: Wie soll das zugehen, da ich doch von keinem Mann weiß? Der Engel antwortete und sprach zu ihr: Der heilige Geist wird über dich kommen, und die Kraft des Höchsten wird dich überschatten; darum wird auch das Heilige, das geboren wird, Gottes Sohn genannt werden. Und siehe, Elisabeth, deine Verwandte, ist auch schwanger mit einem Sohn, in ihrem Alter, und ist jetzt im sechsten Monat, von der man sagt, daß sie unfruchtbar sei. Denn bei Gott ist kein Ding unmöglich. Maria aber sprach: Siehe, ich bin des Herrn Magd; mir geschehe, wie du gesagt hast. *(Lukas 1,26-38)*

Die Ankündigung der Geburt Jesu ▷
Fenster von Edward Burne-Jones, Kapelle, Castle Howard, Yorkshire, England; 1874.

Der Engel in vornehmen Gewändern macht das Segenszeichen. Eine weiße Taube, als Symbol des heiligen Geistes mit Heiligenschein und einem schmalen Flammenband um den Hals, fliegt auf Maria zu. In der Mitte der Lebensbaum aus dem Paradies mit der sich abwärts windenden menschenköpfigen Schlange. Hier vollzieht sich die Umkehrung des Sündenfalls; der Satan stürzt.

Maria bei Elisabeth
Scheibe des Schmiedefensters aus dem 14. Jahrhundert, nördliches Seitenschiff, Münster, Freiburg i. Br.

Illustriert wird der hier nicht abgedruckte Bibeltext Lukas 1,39-56. Maria trägt das traditionelle blaue Gewand. Elisabeth legt eine Hand auf Marias Leib — ein Zeichen, daß diese ihr von dem Besuch des Engels erzählt hat. Auf dem Spruchband der Anfang von Marias Lobgesang: »Magnificat anima mea Dominum.«

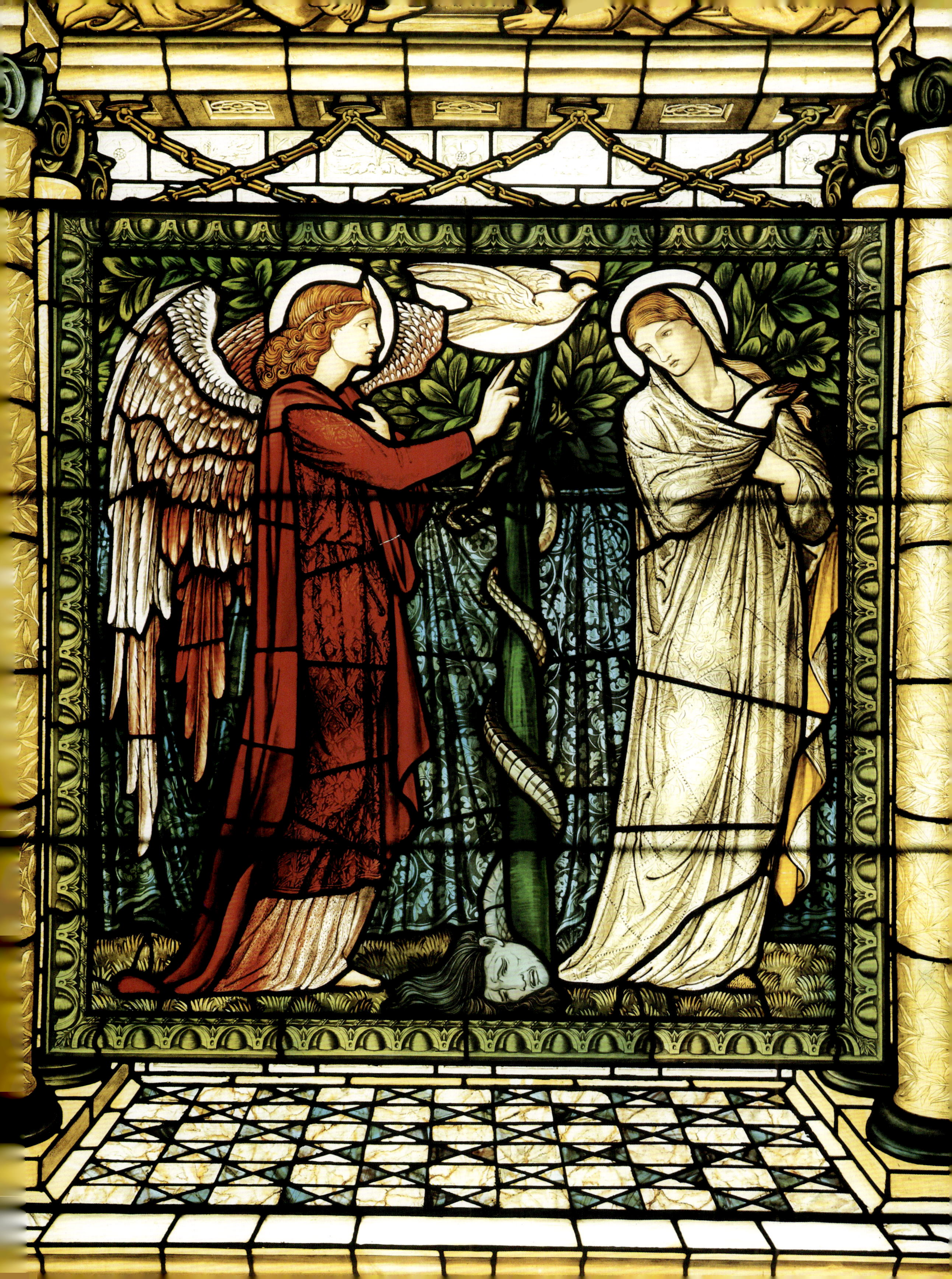

Lukas

Die Reise nach Bethlehem
Fenster von Notre-Dame-en-Vaux, Châlons-sur-Marne, Frankreich; 1527.

Dieses Fenster besticht durch seine Schönheit, jedoch sind auch die z. T. unpassenden Ersatzstücke nicht zu übersehen. So ist das lange, goldene Haar Marias, das über ihre linke Schulter fällt, ein Teil eines Schnörkelbandes, das man passend zurechtgeschnitten hat. Ähnlich wurden Ziegel zu einem Ersatzstück für die Vorderfüße des Ochsen, der hier nicht erst an der Krippe auftritt. Beachtenswerte Einzelheiten: das befestigte Tor mit dem hochgezogenen gelbbraunen Fallgitter und an den Bäumen im Mittelgrund das Geflecht zum Schutz der Baumrinde vor dem Verbiß durch Ziegen.

Die Geburt Jesu ▽
Fenster aus dem 15. Jahrhundert, Pedro Bonifacio zugeschrieben, in einer Kapelle der Kathedrale, Toledo, Spanien.

Zwei Lanzettfenster zeigen die Engel, die Hirten und Maria und Josef, die das Kind staunend betrachten. Im Vierpaß (oben) hat das Kind Jesus die Weltkugel in Händen.

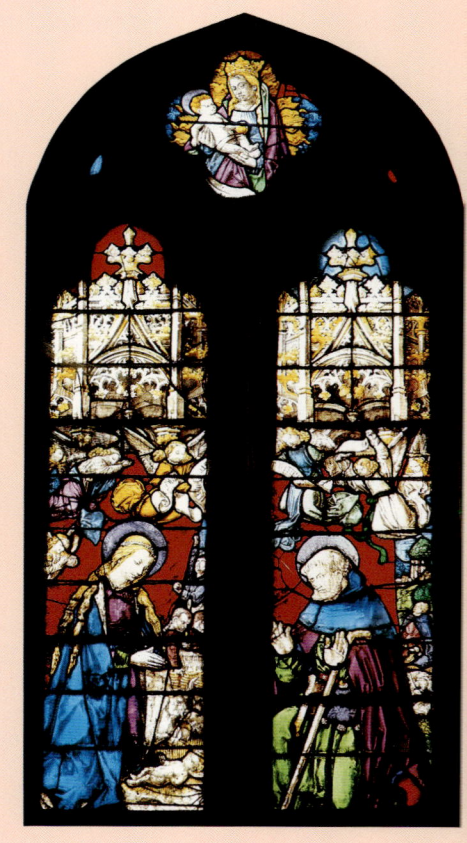

DIE GEBURT JESU

Es begab sich aber zu der Zeit, daß ein Gebot von dem Kaiser Augustus ausging, daß alle Welt geschätzt würde. Und diese Schätzung war die allererste und geschah zur Zeit, da Quirinius Statthalter in Syrien war. Und jedermann ging, daß er sich schätzen ließe, ein jeder in seine Stadt. Da machte sich auf auch Josef aus Galiläa, aus der Stadt Nazareth, in das jüdische Land zur Stadt Davids, die da heißt Bethlehem, weil er aus dem Hause und Geschlechte Davids war, damit er sich schätzen ließe mit Maria, seinem vertrauten Weibe; die war schwanger. Und als sie dort waren, kam die Zeit, daß sie gebären sollte. Und sie gebar ihren ersten Sohn und wickelte ihn in Windeln und legte ihn in eine Krippe; denn sie hatten sonst keinen Raum in der Herberge.

(Lukas 2,1-7)

Lukas

Die Geburt Jesu △
Lünette von Paolo Uccello, Dom, Florenz, Italien; 1443/44.

Durch die senkrechten und waagrechten Eisenstäbe wird das Fenster in unschöner Weise zerschnitten. Aus der Nähe betrachtet, erkennt man, daß der kleine Jesus den Kopf eines Erwachsenen hat. In der Krippe befindet sich Grünfutter für das Vieh, eine einmalige Ausschmückung. Das Fenster ist berühmt wegen seiner reinen, leuchtenden Farben.

Die Geburt Jesu
Fenster aus dem 15. Jahrhundert von Hans Acker, Besserer-Kapelle, Münster, Ulm.

Es gelang dem Künstler, das Geburtsgeschehen in einer kleinen Scheibe einfach, doch eindrücklich darzustellen. Über dem Stall mit den dicken Wänden aus Weidengeflecht und dem Strohdach erscheint der Verkündigungsengel einem Hirten (Spruchband: »Ich verkündige euch große Freude«). Links vom Hirtenfeld sind sogar zwei Segelschiffe zu sehen.

71

Lukas

Die Anbetung des Kindes durch die Hirten ▷
Ostfenster aus dem 15. Jahrhundert, Kirche St. Peter Mancroft, Norwich, Norfolk, England.

Dieses Fenster verdient besonderes Interesse wegen seiner ungewöhnlichen Details. Eine Hebamme wärmt Kleider an einem Kohlenbecken, Maria will gerade das Jesuskind stillen. Josef ist ein alter Mann, der in einem Sessel bei einem schwachen Feuer sitzt; er scheint zu frieren. Das obere Drittel des Fensters ist unsachgemäß ausgebessert mit verschiedenen Glasscherben. Die Hirten spielen auf mittelalterlichen Instrumenten, einem Horn, einer Flöte und einer Doppelflöte.

Die Verkündigung an die Hirten
Fenster aus dem 16. Jahrhundert, Notre-Dame-en-Vaux, Châlons-sur-Marne, Frankreich.

Der kniende Hirte im Vordergrund beherrscht das Bild. Die Gruppe der Schafe vor ihm könnte an die heilige Familie erinnern. Im Hintergrund eine Schafhürde und zwei weitere Hirten mit den charakteristischen Hirtenstäben.

DIE HIRTEN AN DER KRIPPE

Und es waren Hirten in derselben Gegend auf dem Felde bei den Hürden, die hüteten des Nachts ihre Herde. Und der Engel des Herrn trat zu ihnen, und die Klarheit des Herrn leuchtete um sie; und sie fürchteten sich sehr. Und der Engel sprach zu ihnen: Fürchtet euch nicht! Siehe, ich verkündige euch große Freude, die allem Volk widerfahren wird; denn euch ist heute der Heiland geboren, welcher ist Christus, der Herr, in der Stadt Davids. Und das habt zum Zeichen: ihr werdet finden das Kind in Windeln gewickelt und in einer Krippe liegen. Und alsbald war da bei dem Engel die Menge der himmlischen Heerscharen, die lobten Gott und sprachen: Ehre sei Gott in der Höhe und Friede auf Erden bei den Menschen seines Wohlgefallens.

Und als die Engel von ihnen gen Himmel fuhren, sprachen die Hirten untereinander: Laßt uns nun gehen nach Bethlehem und die Geschichte sehen, die da geschehen ist, die uns der Herr kundgetan hat. Und sie kamen eilend und fanden beide, Maria und Josef, dazu das Kind in der Krippe liegen. Als sie es aber gesehen hatten, breiteten sie das Wort aus, das zu ihnen von diesem Kinde gesagt war. Und alle, vor die es kam, wunderten sich über das, was ihnen die Hirten gesagt hatten. Maria aber behielt alle diese Worte und bewegte sie in ihrem Herzen.

(Lukas 2,8-19)

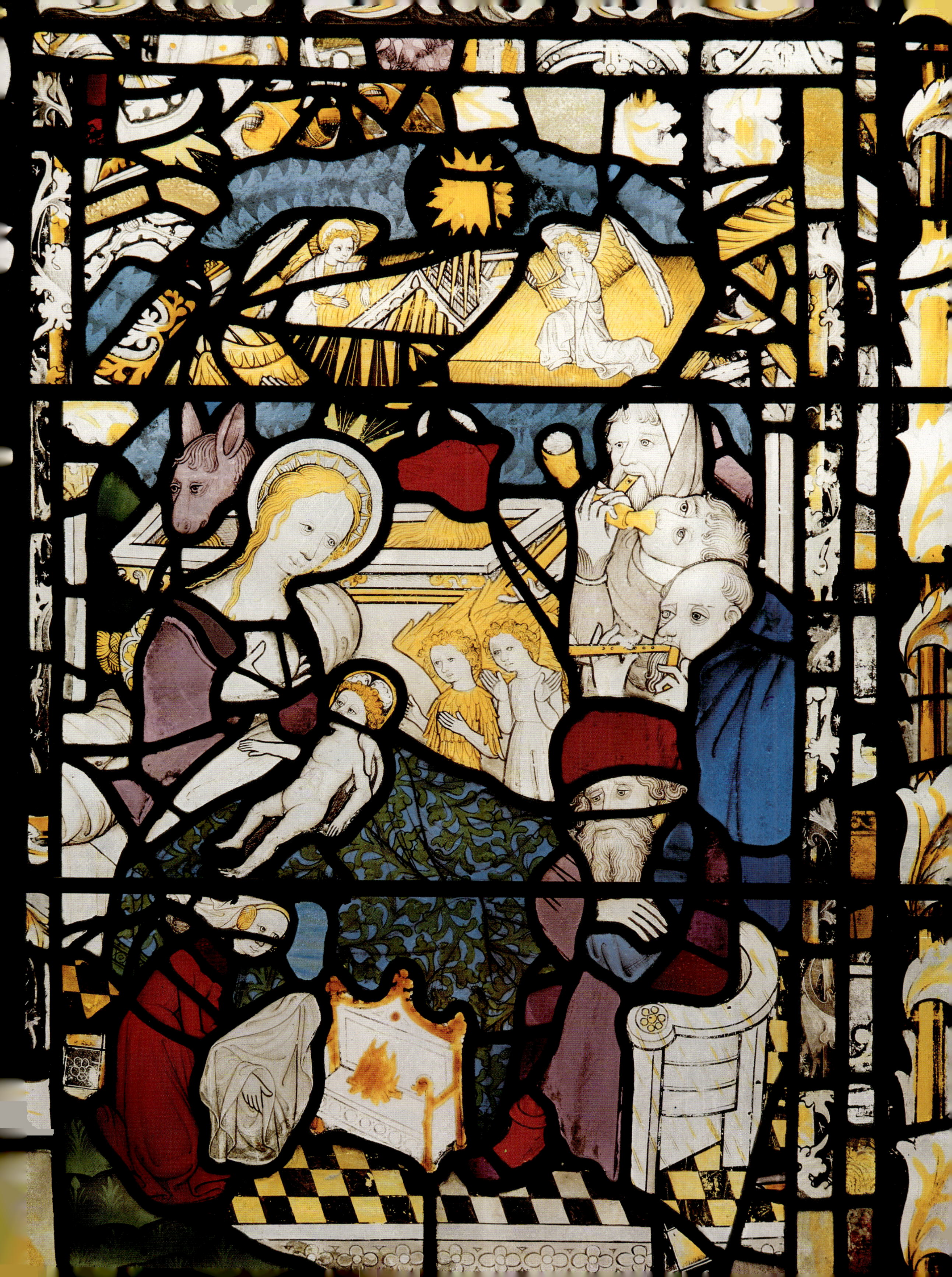

Matthäus

Anbetung des Kindes durch die drei Könige ▷
Teil des älteren Bibelfensters, Kapelle der Heiligen Drei Könige, Dom, Köln; 1250—60.

Der Besitz eines Reliquienschreins der heiligen drei Könige erklärt, daß das älteste Fenster des Kölner Doms ihnen gewidmet ist. Wie üblich sind diese als unterschiedlich alt dargestellt. Maria trägt eine Krone. Das Kind Jesus hält in der linken Hand ein Zepter, mit der rechten macht es das Segenszeichen. Oben links der Stern, der die Könige geführt hat.

Die drei Könige auf dem Weg
Scheibe aus dem 13. Jahrhundert, zweites Armenbibel-Fenster, nördliches Seitenschiff des Chores, Kathedrale, Canterbury, Kent, England.

Die Könige blicken nach dem Stern aus; der eine scheint ihn noch zu suchen. Ihre Pferde haben Kötenzöpfe, die bei den heutigen Pferden meistens weggezüchtet wurden.

DIE WEISEN AUS DEM MORGENLAND

Als Jesus geboren war in Bethlehem in Judäa zur Zeit des Königs Herodes, siehe, da kamen Weise aus dem Morgenland nach Jerusalem und sprachen: Wo ist der neugeborene König der Juden? Wir haben seinen Stern gesehen im Morgenland und sind gekommen, ihn anzubeten. Als das der König Herodes hörte, erschrak er und mit ihm ganz Jerusalem, und er ließ zusammenkommen alle Hohenpriester und Schriftgelehrten des Volkes und erforschte von ihnen, wo der Christus geboren werden sollte. Und sie sagten ihm: In Bethlehem in Judäa; denn so steht geschrieben durch den Propheten: »Und du, Bethlehem im jüdischen Lande, bist keineswegs die kleinste unter den Städten in Juda; denn aus dir wird kommen der Fürst, der mein Volk Israel weiden soll.«

Da rief Herodes die Weisen heimlich zu sich und erkundete genau von ihnen, wann der Stern erschienen wäre, und schickte sie nach Bethlehem und sprach: Zieht hin und forscht fleißig nach dem Kindlein; und wenn ihr's findet, so sagt mir's wieder, daß auch ich komme und es anbete. Und siehe, der Stern, den sie im Morgenland gesehen hatten, ging vor ihnen her, bis er über dem Ort stand, wo das Kindlein war. Als sie den Stern sahen, wurden sie hocherfreut und gingen in das Haus und fanden das Kindlein mit Maria, seiner Mutter, und fielen nieder und beteten es an und taten ihre Schätze auf und schenkten ihm Gold, Weihrauch und Myrrhe.

(Matthäus 2,1-11)

Matthäus

Matthäus

DER KINDERMORD IN BETHLEHEM

Gott aber befahl den Weisen im Traum, nicht wieder zu Herodes zurückzukehren; und sie zogen auf einem andern Weg wieder in ihr Land.

Als sie aber hinweggezogen waren, siehe, da erschien der Engel des Herrn dem Josef im Traum und sprach: Steh auf, nimm das Kindlein und seine Mutter mit dir und flieh nach Ägypten und bleib dort, bis ich dir's sage; denn Herodes hat vor, das Kindlein zu suchen, um es umzubringen. Da stand er auf und nahm das Kindlein und seine Mutter mit sich bei Nacht und entwich nach Ägypten und blieb dort bis nach dem Tod des Herodes, damit erfüllt würde, was der Herr durch den Propheten gesagt hat, der da spricht: »Aus Ägypten habe ich meinen Sohn gerufen.«

Als Herodes nun sah, daß er von den Weisen betrogen war, wurde er sehr zornig und schickte aus und ließ alle Kinder in Bethlehem töten und in der ganzen Gegend, die zweijährig und darunter waren, nach der Zeit, die er von den Weisen genau erkundet hatte. Da wurde erfüllt, was gesagt ist durch den Propheten Jeremia, der da spricht: »In Rama hat man ein Geschrei gehört, viel Weinen und Wehklagen; Rahel beweinte ihre Kinder und wollte sich nicht trösten lassen, denn es war aus mit ihnen.«

(Matthäus 2,12-18)

Der Traum der drei Könige
Rundscheibe im zweites Armenbibel-Fenster, nördliches Seitenschiff des Chores, Kathedrale, Canterbury, Kent, England.

Mit ihren Kronen schlafen die prächtig gekleideten Könige in einem großen Bett. Das Bettgestell mit dem hohen Kopfteil ist aus Holz. Das Spruchband trägt die Botschaft des Engels: »Ne redeatis ad Herodem« (»Kehrt nicht zu Herodes zurück«).

Der Kindermord in Bethlehem
Fenster aus dem 16. Jahrhundert, Notre-Dame-en-Vaux, Châlons-sur-Marne, Frankreich.

Das schreckliche Geschehen trifft alle Volksschichten. Die unterschiedliche Kleidung der Frauen drückt ihre unterschiedliche soziale Stellung aus. Im Hintergrund römische Palastbauten.

Matthäus

Die Flucht nach Ägypten
Fenster aus dem 14. Jahrhundert,
Münster, Freiburg i. Br.

Der Bildhintergrund ist hier durch ein Rautenmuster ersetzt. Josef ist — in unüblicher Weise — als bartloser junger Mann dargestellt. Nicht nur die Art, wie er den Esel führt, drückt seine Sorge für Mutter und Kind aus; auch seinen Mantel hat er ihnen überlassen, und er trägt selbst das Wanderbündel.

DIE RÜCKKEHR AUS ÄGYPTEN

Als aber Herodes gestorben war, siehe, da erschien der Engel des Herrn dem Josef im Traum in Ägypten und sprach: Steh auf, nimmt das Kindlein und seine Mutter mit dir und zieh hin in das Land Israel; sie sind gestorben, die dem Kindlein nach dem Leben getrachtet haben. Da stand er auf und nahm das Kindlein und seine Mutter mit sich und kam in das Land Israel. Als er aber hörte, daß Archelaus in Judäa König war anstatt seines Vaters Herodes, fürchtete er sich, dorthin zu gehen. Und im Traum empfing er Befehl von Gott und zog ins galiläische Land und kam und wohnte in einer Stadt mit Namen Nazareth, damit erfüllt würde, was gesagt ist durch die Propheten: Er soll Nazoräer heißen.

(Matthäus 2,19-23)

Die heilige Familie bei der Arbeit
Niederländische Rundscheibe aus dem 17. Jahrhundert, jetzt in der Kirche von Nowton, Suffolk, England.

Josef arbeitet mit der Zimmermannsaxt, das Kind Jesus hält Winkel und Gänsefeder. Das Handwerkszeug entspricht dem niederländischen des 17. Jahrhunderts. Maria ist mit Bibelbuch und Nähzeug dargestellt.

Lukas

JOHANNES DER TÄUFER

Für Elisabeth kam die Zeit, daß sie gebären sollte; und sie gebar einen Sohn. Und ihre Nachbarn und Verwandten hörten, daß der Herr große Barmherzigkeit an ihr getan hatte, und freuten sich mit ihr. Und sein Vater Zacharias wurde vom heiligen Geist erfüllt, weissagte und sprach:

Gelobt sei der Herr, der Gott Israels! Denn er hat besucht und erlöst sein Volk. Du, Kindlein, wirst ein Prophet des Höchsten heißen. Denn du wirst dem Herrn vorangehen, daß du seinen Weg bereitest, und Erkenntnis des Heils gebest seinem Volk in der Vergebung ihrer Sünden, durch die herzliche Barmherzigkeit unseres Gottes, durch die uns besuchen wird das aufgehende Licht aus der Höhe, damit es erscheine denen, die sitzen in Finsternis und Schatten des Todes, und richte unsere Füße auf den Weg des Friedens.

Und das Kindlein wuchs und wurde stark im Geist. Und er war in der Wüste bis zu dem Tag, an dem er vor das Volk Israel treten sollte.

(Lukas 1,57-80; gekürzt)

Madonna mit Kind ▷
Teil des Ostfensters aus dem 14. Jahrhundert, Kirche St. Michael and All Angels, Eaton Bishop, Herefordshire, England.

Die gelöste, schmiegsame Gestalt der Maria und das Einvernehmen zwischen Mutter und Kind hat dieses Fenster berühmt gemacht. Maria hält eine stilisierte Lilie in der rechten Hand, das Kind einen eben flügge gewordenen gelben Vogel.

Elisabeth und Johannes der Täufer
Fenster von Edward Burne-Jones in der Kirche St. Martin, Brampton, Cumbria, England; 1888.

Elisabeth, die Mutter des Johannes, ist eine alte Frau. Ihr Kopf ist gebeugt, ihre Augen sind schwach geworden; das Lesen – offenbar in der Heiligen Schrift – scheint sie anzustrengen. Der Knabe Johannes trägt eine Taufschale, eine Anspielung auf sein zukünftiges Wirken. Er steht an dem gegenüberliegenden Ufer eines Flusses, des Jordans, wo er Jesus taufen wird.

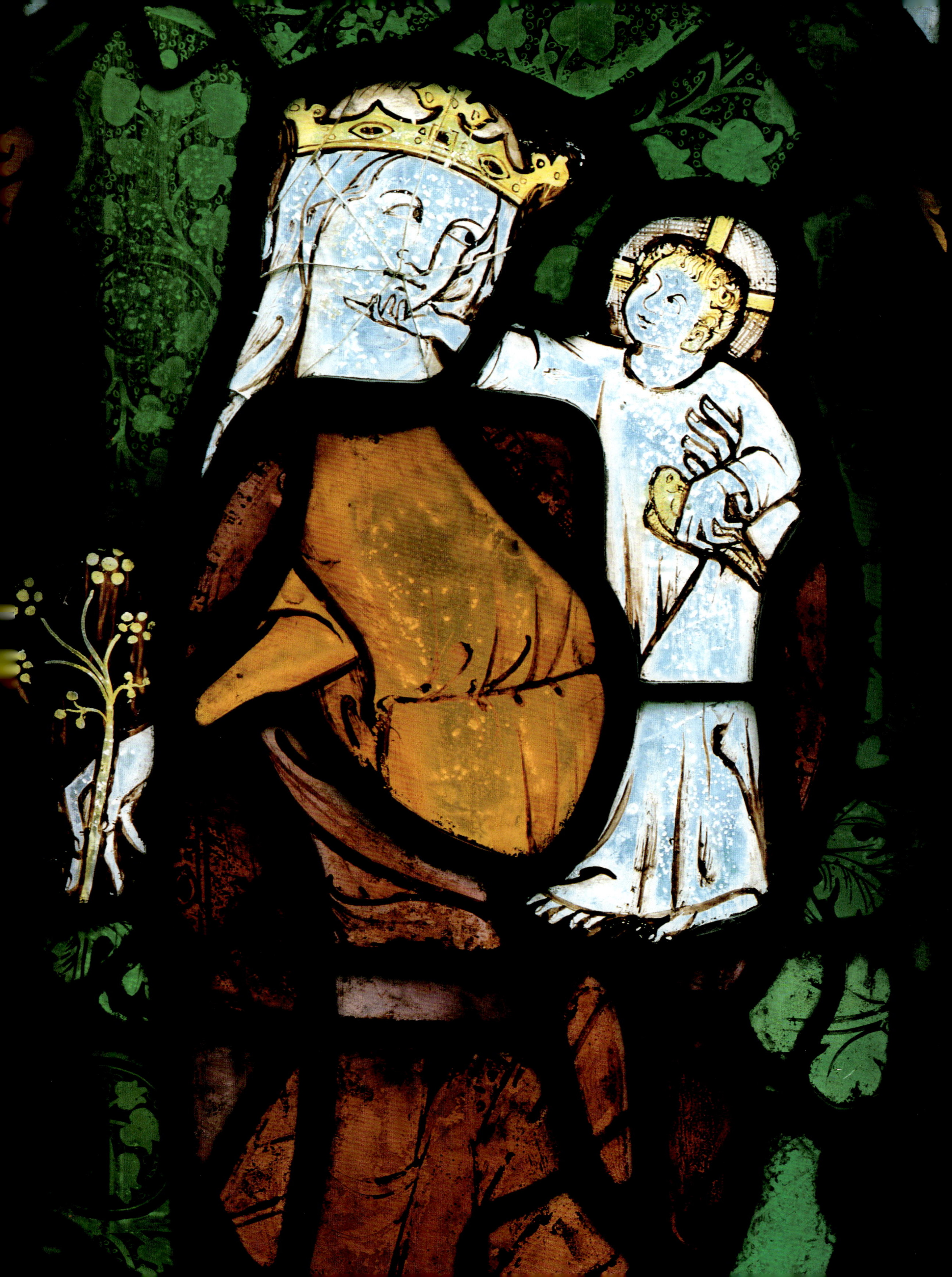

Lukas

DER ZWÖLFJÄHRIGE JESUS IM TEMPEL

Die Eltern Jesu gingen alle Jahre nach Jerusalem zum Passafest. Und als er zwölf Jahre alt war, gingen sie hinauf nach dem Brauch des Festes. Und als die Tage vorüber waren und sie wieder nach Hause gingen, blieb der Knabe Jesus in Jerusalem, und seine Eltern wußten's nicht. Sie meinten aber, er wäre unter den Gefährten, und kamen eine Tagereise weit und suchten ihn unter den Verwandten und Bekannten. Und da sie ihn nicht fanden, gingen sie wieder nach Jerusalem und suchten ihn. Und es begab sich nach drei Tagen, da fanden sie ihn im Tempel sitzen, mitten unter den Lehrern, wie er ihnen zuhörte und sie fragte. Und alle, die ihm zuhörten, verwunderten sich über seinen Verstand und seine Antworten. Und als sie ihn sahen, entsetzten sie sich. Und seine Mutter sprach zu ihm: Mein Sohn, warum hast du uns das getan? Siehe, dein Vater und ich haben dich mit Schmerzen gesucht. Und er sprach zu ihnen: Warum habt ihr mich gesucht? Wißt ihr nicht, daß ich sein muß in dem, was meines Vaters ist? Und sie verstanden das Wort nicht, das er zu ihnen sagte. Und er ging mit ihnen hinab und kam nach Nazareth und war ihnen untertan.

(Lukas 2,42-51)

Der zwölfjährige Jesus im Tempel
Teil des 13. Fensters, Kirche St. Johann, Gouda, Niederlande; 1560.

Der Künstler zeigt die Schriftgelehrten, wie sie im jüdischen Gesetz nachlesen, während der Knabe Jesus zur Verdeutlichung seiner Botschaft nur seine Hände braucht. Im Hintergrund die Eltern auf der Suche nach dem Kind. Das kleine Karomuster, das die Kleidung überzieht, stammt von einem zum Schutz außerhalb der Kirche angebrachten Drahtgitter.

Markus

Die Taufe Jesu
Fenster aus dem 19. Jahrhundert von Edward Burne-Jones, Church of All Hallows, Allerton, Liverpool, England.

Das Fenster besteht aus drei schlanken Scheiben unter pflanzenhaftem Maßwerk. Johannes der Täufer (links) hält eine Schale mit Taufwasser, ein Engel (rechts) Jesu abgelegtes blaues Obergewand. Die Taube, Zeichen des heiligen Geistes, läßt sich auf Jesus nieder (Mitte). Sie trägt ein Feuerzeichen im Schnabel.

JESUS LÄSST SICH TAUFEN

Und es begab sich zu der Zeit, daß Jesus aus Nazareth in Galiläa kam und ließ sich taufen von Johannes im Jordan. Und alsbald, als er aus dem Wasser stieg, sah er, daß sich der Himmel auftat und der Geist wie eine Taube herabkam auf ihn. Und da geschah eine Stimme vom Himmel: Du bist mein lieber Sohn, an dir habe ich Wohlgefallen.

(Markus 1,9-11)

83

Matthäus

JESUS WIRD VOM TEUFEL VERSUCHT

Da wurde Jesus vom Geist in die Wüste geführt, damit er von dem Teufel versucht würde. Und da er vierzig Tage und vierzig Nächte gefastet hatte, hungerte ihn. Und der Versucher trat zu ihm und sprach: Bist du Gottes Sohn, so sprich, daß diese Steine Brot werden. Er aber antwortete und sprach: Es steht geschrieben: »Der Mensch lebt nicht vom Brot allein, sondern von einem jeden Wort, das aus dem Mund Gottes geht.«

Da führte ihn der Teufel mit sich in die heilige Stadt und stellte ihn auf die Zinne des Tempels und sprach zu ihm: Bist du Gottes Sohn,

Die erste Versuchung Christi
Ursprünglich in der Kathedrale von Troyes, Frankreich, jetzt Victoria and Albert Museum, London, England; um 1170.

Der Versucher wird in unüberbietbarer Eindeutigkeit gezeichnet. Er ist grünhäutig, blaue Schlangen entwachsen seinem Kopf und blaue Flügel seiner Hüfte. Jesus hat das Bibelbuch in den Händen in Anspielung auf seine Erwiderung: »Es steht geschrieben...«

Matthäus

Die zweite Versuchung Christi
Ursprünglich in der Kathedrale von Troyes, Frankreich, jetzt Victoria and Albert Museum, London, England; um 1170.

Der Tempel sieht hier fast wie ein Turm aus mit schmiedeeisernem Schmuck an den geöffneten Türen. Der Teufel trägt Jesus auf die »Zinne« des Tempels. Wieder antwortet Jesus mit einem Wort aus dem Buch in seiner Hand.

so wirf dich hinab; denn es steht geschrieben: »Er wird seinen Engeln deinetwegen Befehl geben; und sie werden dich auf Händen tragen, damit du deinen Fuß nicht an einen Stein stößt.« Da sprach Jesus zu ihm: Wiederum steht auch geschrieben: »Du sollst den Herrn, deinen Gott, nicht versuchen.«

Darauf führte ihn der Teufel mit sich auf einen sehr hohen Berg und zeigte ihm alle Reiche der Welt und ihre Herrlichkeit und sprach zu ihm: Das alles will ich dir geben, wenn du niederfällst und mich anbetest. Da sprach Jesus zu ihm: Weg mit dir, Satan! denn es steht geschrieben: »Du sollst anbeten den Herrn, deinen Gott, und ihm allein dienen.« Da verließ ihn der Teufel. Und siehe, da traten Engel zu ihm und dienten ihm.

(Matthäus 4,1-11)

Markus

Markus

Die Berufung von Petrus und Andreas
Scheibe aus dem 20. Jahrhundert von Gabriel Loire, Lèves, Frankreich.

Eine Szene voll drängender Entschiedenheit. Auf Jesu Ruf folgen die Brüder sofort. Ihr spontanes Handeln wird ausgedrückt durch ihre Abkehr vom gefüllten Fangnetz, die lose Schot und die Fischer in den anderen Booten, die das Geschehen beobachten.

BERUFUNG DER ERSTEN JÜNGER UND SEESTURM

Als er aber am Galiläischen Meer entlangging, sah er Simon und Andreas, Simons Bruder, wie sie ihre Netze ins Meer warfen; denn sie waren Fischer. Und Jesus sprach zu ihnen: Folgt mir nach; ich will euch zu Menschenfischern machen! Sogleich verließen sie ihre Netze und folgten ihm nach. Und als er ein wenig weiterging, sah er Jakobus, den Sohn des Zebedäus, und Johannes, seinen Bruder, wie sie im Boot die Netze flickten. Und alsbald rief er sie, und sie ließen ihren Vater Zebedäus im Boot mit den Tagelöhnern und folgten ihm nach.

Und an einem Abend sprach er zu ihnen: Laßt uns hinüberfahren. Und es erhob sich ein großer Windwirbel, und die Wellen schlugen in das Boot, so daß das Boot schon voll wurde. Und er war hinten im Boot und schlief auf einem Kissen. Und sie weckten ihn auf und sprachen zu ihm: Meister, fragst du nichts danach, daß wir umkommen? Und er stand auf und bedrohte den Wind und sprach zu dem Meer: Schweig und verstumme! Und der Wind legte sich, und es entstand eine große Stille. Und er sprach zu ihnen: Was seid ihr so furchtsam? Habt ihr noch keinen Glauben? Sie aber fürchteten sich sehr und sprachen untereinander: Wer ist der? Auch Wind und Meer sind ihm gehorsam!

(Markus 1,16-20; 4,35.37-41)

Die Stillung des Sturms ▷
Scheibe aus dem 15. Jahrhundert, Sakramentskapelle, Dom, Köln.

Ein auffälliger Kontrast besteht zwischen dem friedlichen Gesichtsausdruck Jesu und den von Furcht gezeichneten Gesichtern der Jünger. Interessant die Einzelheiten am Schiff: die Rollen außenbords, die an Speerspitzen erinnernden Stags, die Befestigung des Segels. Die bräunlichen Streifen auf dem Segel sind Folgen einer älteren Reparatur: Gesprungenes Glas wurde mit einem harzhaltigen Klebstoff wieder zusammengefügt, der diese Schmelzspuren hinterließ. Auf den Spruchbändern die Worte der Jünger und Jesu: »Domine, salva nos, perimus« und »Quid timidi estis modicae fidei«.

Matthäus

DIE BERGPREDIGT

Als Jesus das Volk sah, ging er auf einen Berg und setzte sich; und seine Jünger traten zu ihm. Und er tat seinen Mund auf, lehrte sie und sprach:

Selig sind, die da geistlich arm sind; denn ihrer ist das Himmelreich. Selig sind, die da Leid tragen; denn sie sollen getröstet werden. Selig sind die Sanftmütigen; denn sie werden das Erdreich besitzen. Selig sind, die da hungert und dürstet nach der Gerechtigkeit; denn sie sollen satt werden. Selig sind die Barmherzigen; denn sie werden Barmherzigkeit erlangen. Selig sind, die reinen Herzens sind; denn sie werden Gott schauen. Selig sind die Friedfertigen; denn sie werden Gottes Kinder heißen. Selig sind, die um der Gerechtigkeit willen verfolgt werden; denn ihrer ist das Himmelreich.

Ihr seid das Salz der Erde. Wenn nun das Salz nicht mehr salzt, womit soll man salzen? Es ist zu nichts mehr nütze, als daß man es wegschüttet und läßt es von den Leuten zertreten. Ihr seid das Licht der Welt. Es kann die Stadt, die auf einem Berge liegt, nicht verborgen sein. Man zündet auch nicht ein Licht an und setzt es unter einen Scheffel, sondern auf einen Leuchter; so leuchtet es allen, die im Hause sind. So laßt euer Licht leuchten vor den Leuten, damit sie eure guten Werke sehen und euren Vater im Himmel preisen.

Ihr habt gehört, daß zu den Alten gesagt ist: »Du sollst nicht töten«; wer aber tötet, der soll des Gerichts schuldig sein. Ich aber sage euch: Wer mit seinem Bruder zürnt, der ist des Gerichts schuldig; wer aber zu seinem Bruder sagt: Du Nichtsnutz!, der ist des Hohen Rats schuldig; wer aber sagt: Du Narr!, der ist des höllischen Feuers schuldig. Darum: wenn du deine Gabe auf dem Altar opferst und dort kommt dir in den Sinn, daß dein Bruder etwas gegen dich hat, so laß dort vor dem Altar deine Gabe und geh zuerst hin und versöhne dich mit deinem Bruder und dann komm und opfere deine Gabe.

Ihr habt gehört, daß gesagt ist: »Du sollst nicht ehebrechen.« Ich aber sage euch: Wer eine Frau ansieht, sie zu begehren, der hat schon mit ihr die Ehe gebrochen in seinem Herzen.

Ihr habt weiter gehört, daß zu den Alten gesagt ist: »Du sollst keinen falschen Eid schwören und sollst dem Herrn deinen Eid halten.« Ich aber sage euch, daß ihr überhaupt nicht schwören sollt, weder bei dem Himmel, denn er ist Gottes Thron; noch bei der Erde, denn sie ist der Schemel seiner Füße; noch bei Jerusalem, denn sie ist die Stadt des großen Königs. Auch sollst du nicht bei deinem Haupt schwören; denn du vermagst nicht ein einziges Haar weiß oder schwarz zu machen. Eure Rede aber sei: Ja, ja; nein, nein. Was darüber ist, das ist vom Übel.

Ihr habt gehört, daß gesagt ist: »Auge um Auge, Zahn um Zahn.« Ich aber sage euch, daß ihr nicht widerstreben sollt dem Übel, sondern: wenn dich jemand auf deine rechte Backe schlägt, dem biete die andere auch dar. Und wenn jemand mit dir rechten will und dir deinen Rock nehmen, dem laß auch den Mantel. Und wenn dich jemand nötigt, eine Meile mitzugehen, so geh mit ihm zwei.

Matthäus

Die Bergpredigt
Fenster aus dem 19. Jahrhundert, Kirche St. Peter Mancroft, Norwich, Norfolk, England.

Die klare, einfache Linienführung ist ein Charakteristikum der Schule von Norwich. Männer, Frauen, auch Kinder hören Jesus zu. Besonders eindrücklich der Ernst in Jesu Augen. Am Fuß der drei Scheiben ein Schriftband mit dem einleitenden Satz der Bergpredigt (»Als Jesus das Volk sah ...«); die Spruchbänder oben enthalten rechts die Seligpreisung der nach Gerechtigkeit Hungernden, links die Seligpreisung aus Lukas 11,28: »Selig sind, die das Wort Gottes hören und bewahren.«

Ihr habt gehört, daß gesagt ist: »Du sollst deinen Nächsten lieben« und deinen Feind hassen. Ich aber sage euch: Liebt eure Feinde und bittet für die, die euch verfolgen, damit ihr Kinder seid eures Vaters im Himmel. Denn er läßt seine Sonne aufgehen über Böse und Gute und läßt regnen über Gerechte und Ungerechte. Denn wenn ihr liebt, die euch lieben, was werdet ihr für Lohn haben? Tun nicht dasselbe auch die Zöllner? Und wenn ihr nur zu euren Brüdern freundlich seid, was tut ihr Besonderes? Tun nicht dasselbe auch die Heiden? Darum sollt ihr vollkommen sein, wie euer Vater im Himmel vollkommen ist.

(Matthäus 5,1-48; gekürzt)

Johannes

DIE HOCHZEIT IN KANA

Und am dritten Tage war eine Hochzeit in Kana in Galiläa, und die Mutter Jesu war da. Jesus aber und seine Jünger waren auch zur Hochzeit geladen.

Und als der Wein ausging, spricht die Mutter Jesu zu ihm: Sie haben keinen Wein mehr. Jesus spricht zu ihr: Was geht's dich an, Frau, was ich tue? Meine Stunde ist noch nicht gekommen. Seine Mutter spricht zu den Dienern: Was er euch sagt, das tut.

Es standen aber dort sechs steinerne Wasserkrüge für die Reinigung nach jüdischer Sitte, und in jeden gingen zwei oder drei Maße. Jesus spricht zu ihnen: Füllt die Wasserkrüge mit Wasser! Und sie füllten sie bis obenan. Und er spricht zu ihnen: Schöpft nun und bringt's dem Speisemeister! Und sie brachten's ihm.

Als aber der Speisemeister den Wein kostete, der Wasser gewesen war, und nicht wußte, woher er kam – die Diener aber wußten's, die das Wasser geschöpft hatten –, ruft der Speisemeister den Bräutigam und spricht zu ihm: Jedermann gibt zuerst den guten Wein und, wenn sie betrunken werden, den geringeren; du aber hast den guten Wein bis jetzt zurückbehalten.

Das ist das erste Zeichen, das Jesus tat, geschehen in Kana in Galiläa, und er offenbarte seine Herrlichkeit. Und seine Jünger glaubten an ihn.

(Johannes 2,1-11)

Die Hochzeit in Kana
Medaillon aus dem 13. Jahrhundert, viertes Armenbibel-Fenster, nördliches Seitenschiff des Chores, Kathedrale, Canterbury, Kent, England.

Die Rundscheibe zeigt Jesus, wie er den Befehl gibt und zugleich mit seiner Segenshand die wunderbare Verwandlung des Wassers in Wein bewirkt. Während der eine Diener noch Wasser in die Krüge gießt, hebt der andere schon eine Trinkschale mit dem geschöpften Wein in die Höhe. Auf dem Tisch fehlen Trinkgefäße, statt dessen ist er reichlich gedeckt mit Fisch, Geflügel, einem Granatapfel und einer Artischocke.

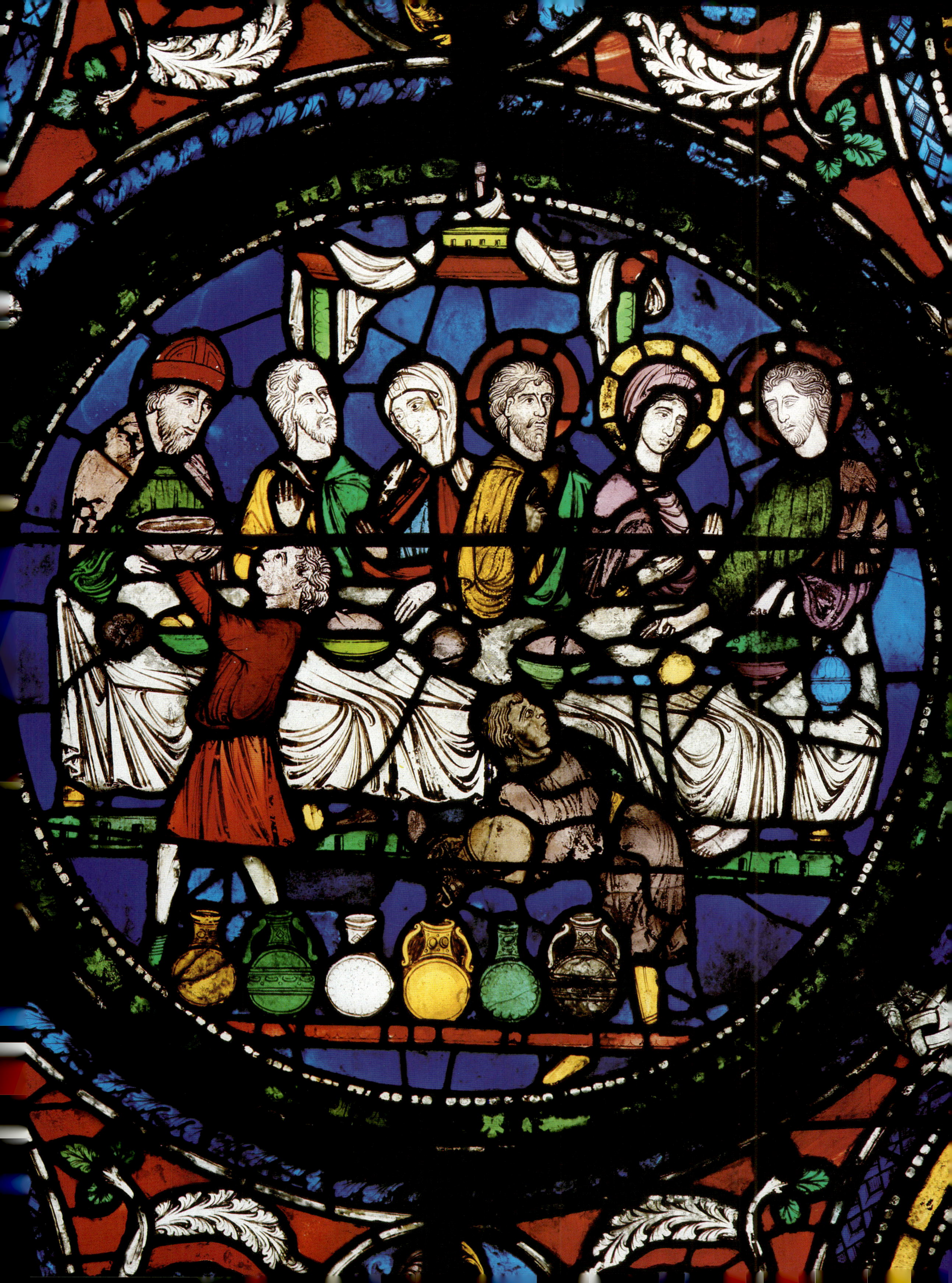

Matthäus

DIE SPEISUNG DER FÜNFTAUSEND

Jesus fuhr von dort weg in einem Boot in eine einsame Gegend allein. Und als das Volk das hörte, folgte es ihm zu Fuß aus den Städten. Und Jesus stieg aus und sah die große Menge; und sie jammerten ihn, und er heilte ihre Kranken. Am Abend aber traten seine Jünger zu ihm und sprachen: Die Gegend ist öde, und die Nacht bricht herein; laß das Volk gehen, damit sie in die Dörfer gehen und sich zu essen kaufen. Aber Jesus sprach zu ihnen: Es ist nicht nötig, daß sie fortgehen; gebt ihr ihnen zu essen. Sie sprachen zu ihm: Wir haben hier nichts als fünf Brote und zwei Fische. Und er sprach: Bringt sie mir her! Und er nahm die fünf Brote und die zwei Fische, sah auf zum Himmel, dankte und brach's und gab die Brote den Jüngern, und die Jünger gaben sie dem Volk. Und sie aßen alle und wurden satt.

(Matthäus 14,13-20)

Die Speisung der Fünftausend ▷
Teil eines Fensters aus dem 16. Jahrhundert, Kirche St. Pierre, Dreux, Frankreich.

Die Gesichter der Menge spiegeln verschiedene Einstellungen wider. Man erkennt eine dankbare Frau und einen skeptischen Priester.

Die Speisung der Fünftausend
Ursprünglich in der Kathedrale von Troyes, Frankreich, jetzt Victoria and Albert Museum, London, England; 1223.

Die Gesichter der Jünger rechts und links von Jesus drücken Ratlosigkeit aus, während Jesus schon handelt.

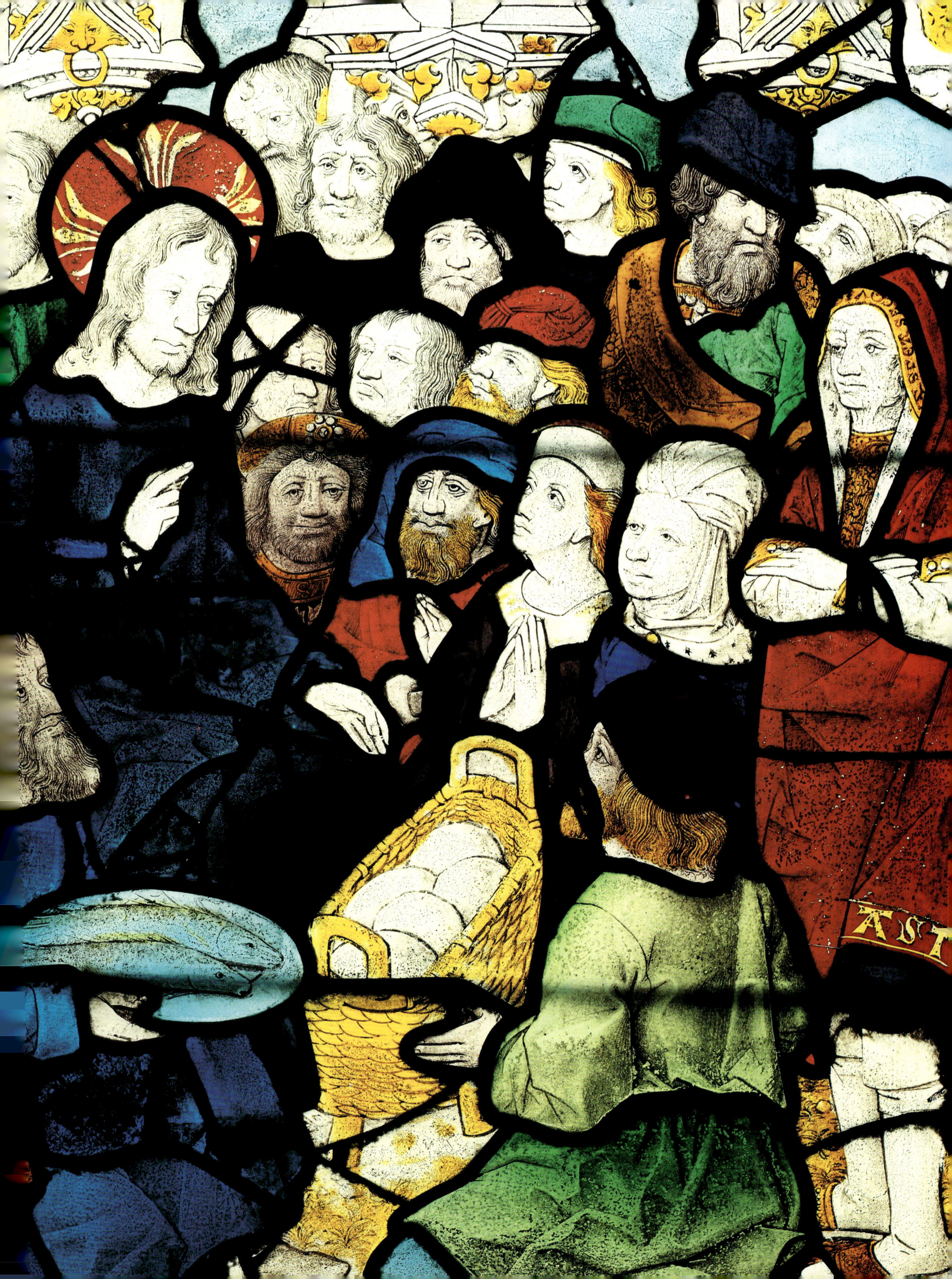
AST

Markus

JESUS HEILT EINEN BLINDEN

Jesus und seine Jünger kamen nach Betsaida. Und sie brachten zu ihm einen Blinden und baten ihn, daß er ihn anrühre. Und er nahm den Blinden bei der Hand und führte ihn hinaus vor das Dorf, tat Speichel auf seine Augen, legte seine Hände auf ihn und fragte ihn: Siehst du etwas? Und er sah auf und sprach: Ich sehe die Menschen, als sähe ich Bäume umhergehen. Danach legte er abermals die Hände auf seine Augen. Da sah er deutlich und wurde wieder zurechtgebracht, so daß er alles scharf sehen konnte.

(Markus 8,22-25)

Die Heilung eines Blinden bei Betsaida
Scheibe aus dem 19. Jahrhundert, Lancaster, Lancashire, England.

Obgleich die in diesem Fenster verwendeten Bleiruten wie breite Bänder über dem Glas liegen, nimmt die Einheitlichkeit des Bildes keinen Schaden. Die feine Pinselführung verleiht diesem Bild einen besonderen Reiz.

Der sinkende Petrus
Kleine Schweizer Scheibe, gestiftet von Johann Caspar Hermann, jetzt Hessisches Landesmuseum, Darmstadt.

Die Bruchstücke dieser Scheibe wurden wieder aneinandergeklebt, die Klebestellen wurden jedoch im Laufe der Zeit zu auffallenden schwarzen Linien. Der Mastbaum des Schiffes ist geknickt; das Schiff treibt orientierungslos dahin.

JESUS UND DER SINKENDE PETRUS

Und alsbald trieb Jesus seine Jünger, in das Boot zu steigen und vor ihm hinüberzufahren, bis er das Volk gehen ließe. Und als er das Volk hatte gehen lassen, stieg er allein auf einen Berg, um zu beten. Und am Abend war er dort allein. Und das Boot war schon weit vom Land entfernt und kam in Not durch die Wellen; denn der Wind stand ihm entgegen.

Aber in der vierten Nachtwache kam Jesus zu ihnen und ging auf dem See. Und als ihn die Jünger sahen auf dem See gehen, erschraken sie und riefen: Es ist ein Gespenst! und schrien vor Furcht. Aber sogleich redete Jesus mit ihnen und sprach: Seid getrost, ich bin's; fürchtet euch nicht!

Petrus aber antwortete ihm und sprach: Herr, bist du es, so befiehl mir, zu dir zu kommen auf dem Wasser. Und er sprach: Komm her! Und Petrus stieg aus dem Boot und ging auf dem Wasser und kam auf Jesus zu. Als er aber den starken Wind sah, erschrak er und begann zu sinken und schrie: Herr, hilf mir! Jesus aber streckte sogleich die Hand aus und ergriff ihn und sprach zu ihm: Du Kleingläubiger, warum hast du gezweifelt?

Und sie traten in das Boot, und der Wind legte sich. Die aber im Boot waren, fielen vor ihm nieder und sprachen: Du bist wahrhaftig Gottes Sohn!

(Matthäus 14,22-33)

Matthäus – Lukas

DAS GLEICHNIS VOM FISCHNETZ

Das Himmelreich gleicht einem Netz, das ins Meer geworfen ist und Fische aller Art fängt. Wenn es aber voll ist, ziehen sie es heraus an das Ufer, setzen sich und lesen die guten in Gefäße zusammen, aber die schlechten werfen sie weg. So wird es auch am Ende der Welt gehen: Die Engel werden ausgehen und die Bösen von den Gerechten scheiden und werden sie in den Feuerofen werfen; da wird Heulen und Zähneklappern sein.

(Matthäus 13,47-50)

GLEICHNISSE VOM VERLORENEN

Es nahten sich ihm aber allerlei Zöllner und Sünder, um ihn zu hören. Und die Pharisäer und Schriftgelehrten murrten und sprachen: Dieser nimmt die Sünder an und ißt mit ihnen. Er sagte aber zu ihnen dies Gleichnis und sprach: Welcher Mensch ist unter euch, der hundert Schafe hat und, wenn er *eins* von ihnen verliert, nicht die neunundneunzig in der Wüste läßt und geht dem verlorenen nach, bis er's findet? Und wenn er's gefunden hat, so legt er sich's auf die Schultern voller Freude. Und wenn er heimkommt, ruft er seine Freunde und Nachbarn und spricht zu ihnen: Freut euch mit mir; denn ich habe mein Schaf gefunden, das verloren war. Ich sage euch: So wird auch Freude im Himmel sein über *einen* Sünder, der Buße tut, mehr als über neunundneunzig Gerechte, die der Buße nicht bedürfen.

Oder welche Frau, die zehn Silbergroschen hat und *einen* davon verliert, zündet nicht ein Licht an und kehrt das Haus und sucht mit Fleiß, bis sie ihn findet? Und wenn sie ihn gefunden hat, ruft sie ihre Freundinnen und Nachbarinnen und spricht: Freut euch mit mir; denn ich habe meinen Silbergroschen gefunden, den ich verloren hatte. So, sage ich euch, wird Freude sein vor den Engeln Gottes über einen Sünder, der Buße tut.

Und er sprach: Ein Mensch hatte zwei Söhne. Und der jüngere von ihnen sprach zu dem Vater: Gib mir, Vater, das Erbteil, das mir zusteht. Und er teilte Hab und Gut unter sie. Und nicht lange danach sammelte der jüngere Sohn alles zusammen und zog in ein fernes Land; und dort brachte er sein Erbteil durch mit Prassen. Als er nun all das Seine verbraucht hatte, kam eine große Hungersnot über jenes Land, und er fing an zu darben und ging hin und hängte sich an einen Bürger jenes Landes; der schickte ihn auf seinen Acker, die Säue zu hüten. Und er begehrte, seinen Bauch zu füllen mit den Schoten, die die Säue fraßen; und niemand gab sie ihm. Da ging er in sich und sprach: Wie viele Tagelöhner hat mein Vater, die Brot in Fülle haben, und ich verderbe hier im Hunger! Ich will mich aufmachen und zu meinem Vater gehen und zu ihm sagen: Vater, ich habe gesündigt gegen den Himmel und vor dir. Ich bin hinfort nicht mehr wert, daß ich dein Sohn heiße; mache mich zu einem deiner Tagelöhner! Und er machte sich auf und kam zu seinem Vater. Als er aber noch weit entfernt war, sah ihn sein Vater, und es jammerte ihn; er lief und fiel ihm um den Hals und küßte ihn. Der Sohn aber sprach zu ihm: Vater, ich

Das Gleichnis vom verlorenen Schaf ▷
Scheibe aus dem 19. Jahrhundert, Kirche St. Nicholas, Hillesden, Buckinghamshire, England.

Der Hirte kommt mit dem wiedergefundenen Schaf auf den Schultern zurück zum Pferch. Freudig wird er von einem alten Mann begrüßt. Der Hund war offensichtlich bei der anstrengenden Suche dabei: durstig streckt er die Zunge heraus. Interessantes Detail: die Umzäunung des Pferchs aus geflochtenen Weiden.

Das Gleichnis vom Fischnetz
Fenster aus dem 19. Jahrhundert, Kirche St. Nicholas, Hillesden, Buckinghamshire, England.

Interessant die Vielfalt des Fangs: Aal, Wels, Makrele, Scholle und fliegende Fische.

Lukas

97

POENITENTIA
Es ist mir gut das du mich demütigist
PSALM: 119.
O Gott biß mir sünder gnedig.
LVCÆ. 18 Cap.

Der verlorene Sohn bei den Schweinen
Kleine Scheibe von Christoph Murer, jetzt im Tucherhaus-Museum, Nürnberg; 1610.

Das Vermögen ist verpraßt; Armut und Verzweiflung bestimmen das Leben des »verlorenen« Sohnes. Die Schweine dagegen fühlen sich wohl und sind rund und dick. »Da ging er in sich ...« Die Überschrift sieht in dem Dargestellten ein Beispiel der Buße (Poenitentia; in dem Zitat aus Lukas 18,13 bedeutet »biß« = sei).

Die Heimkehr des verlorenen Sohnes ▷
Fenster aus dem 19. Jahrhundert, Kirche St. Nicholas, Hillesden, Buckinghamshire, England.

Die linke Scheibe zeigt das Alltagsleben eines Schweinehirten in viktorianischer Zeit. Die Ferkel haben ihren eigenen Futtertrog. Das bäuerliche Anwesen scheint armselig im Vergleich zum Vaterhaus (rechts), in das der Sohn zurückkehrt.

habe gesündigt gegen den Himmel und vor dir; ich bin hinfort nicht mehr wert, daß ich dein Sohn heiße. Aber der Vater sprach zu seinen Knechten: Bringt schnell das beste Gewand her und zieht es ihm an und gebt ihm einen Ring an seine Hand und Schuhe an seine Füße und bringt das gemästete Kalb und schlachtet's; laßt uns essen und fröhlich sein! Denn dieser mein Sohn war tot und ist wieder lebendig geworden; er war verloren und ist gefunden worden. Und sie fingen an, fröhlich zu sein.

Aber der ältere Sohn war auf dem Feld. Und als er nahe zum Hause kam, hörte er Singen und Tanzen und rief zu sich einen der Knechte, und fragte, was das wäre. Der aber sagte ihm: Dein Bruder ist gekommen, und dein Vater hat das gemästete Kalb geschlachtet, weil er ihn gesund wiederhat. Da wurde er zornig und wollte nicht hineingehen. Da ging sein Vater heraus und bat ihn. Er antwortete aber und sprach zu seinem Vater: Siehe, so viele Jahre diene ich dir und habe dein Gebot noch nie übertreten, und du hast mir nie einen Bock gegeben, daß ich mit meinen Freunden fröhlich gewesen wäre. Nun aber, da dieser dein Sohn gekommen ist, der dein Hab und Gut mit Huren verpraßt hat, hast du ihm das gemästete Kalb geschlachtet. Er aber sprach zu ihm: Mein Sohn, du bist allezeit bei mir, und alles, was mein ist, das ist dein. Du solltest aber fröhlich und guten Mutes sein; denn dieser dein Bruder war tot und ist wieder lebendig geworden, er war verloren und ist wiedergefunden.

(Lukas 15,1-32)

Lukas

Der barmherzige Samariter
Teil eines Fensters, Kirche St. Margaret and St. Andrew, Littleham, Devon, England.

Die Darstellung zeigt die Räuber, wie sie dem arglosen jungen Reisenden auflauern. Dieser trägt Wanderstab und Pilger- oder Geldtasche. Die Diebe im Hinterhalt haben scharfe Waffen und sind lüstern auf die reiche Beute.

DER BARMHERZIGE SAMARITER

Da stand ein Schriftgelehrter auf, versuchte ihn und sprach: Meister, was muß ich tun, daß ich das ewige Leben ererbe? Er aber sprach zu ihm: Was steht im Gesetz geschrieben? Was liest du? Er antwortete und sprach: »Du sollst den Herrn, deinen Gott, lieben von ganzem Herzen, von ganzer Seele, von allen Kräften und von ganzem Gemüt, und deinen Nächsten wie dich selbst.« Er aber sprach zu ihm: Du hast recht geantwortet; tu das, so wirst du leben.

Er aber wollte sich selbst rechtfertigen und sprach zu Jesus: Wer ist denn mein Nächster? Da antwortete Jesus und sprach: Es war ein Mensch, der ging von Jerusalem hinab nach Jericho und fiel unter die Räuber; die zogen ihn aus und schlugen ihn und machten sich davon und ließen ihn halbtot liegen. Es traf sich aber, daß ein Priester dieselbe Straße hinabzog; und als er ihn sah, ging er vorüber. Desgleichen auch ein Levit: als er zu der Stelle kam und ihn sah, ging er vorüber. Ein Samariter aber, der auf der Reise war, kam dahin; und als er ihn sah, jammerte er ihn; und er ging zu ihm, goß Öl und Wein auf seine Wunden und verband sie ihm, hob ihn auf sein Tier und brachte ihn in eine Herberge und pflegte ihn. Am nächsten Tag zog er zwei Silbergroschen heraus, gab sie dem Wirt und sprach: Pflege ihn; und wenn du mehr ausgibst, will ich dir's bezahlen, wenn ich wiederkomme. Wer von diesen dreien, meinst du, ist der Nächste gewesen dem, der unter die Räuber gefallen war?

Er sprach: Der die Barmherzigkeit an ihm tat. Da sprach Jesus zu ihm: So geh hin und tu desgleichen!

(Lukas 10,25-37)

Der barmherzige Samariter
Ausschnitt aus dem Fenster vom barmherzigen Samariter, südliches Seitenschiff, Kathedrale, Chartres, Frankreich.

Ein Vierpaß mit kleinen Szenen; zu lesen von unten nach oben. Jesus antwortet dem Schriftgelehrten mit dem Judenhut (rätselhaft die dritte Person); in der Mitte von links: Der Reisende verläßt Jerusalem; die Räuber lauern ihm auf (der eine spannt gerade seine Armbrust); sie überfallen ihn (der eine Räuber ist doppelt dargestellt: wie er mit dem Schwert auf ihn einschlägt und wie er ihn entkleidet). Oben gehen Priester und Levit an dem Überfallenen vorbei. Die hier nicht mehr abgebildete Fortsetzung macht deutlich, daß die Darstellung in Christus selbst den Samariter sieht, der den verlorenen Menschen rettet, während das Gesetz des Alten Bundes (Priester und Levit!) ihm nicht zu helfen vermochte. Die Scheibe wurde von der Schuhmacherzunft gestiftet; ganz unten Schuhmacher bei der Arbeit.

Matthäus

GLEICHNISSE VON SAAT UND ERNTE

Jesus ging aus dem Hause und setzte sich an den See. Und es versammelte sich eine große Menge bei ihm, so daß er in ein Boot stieg und sich setzte, und alles Volk stand am Ufer. Und er redete vieles zu ihnen in Gleichnissen und sprach: Siehe, es ging ein Sämann aus, zu säen. Und indem er säte, fiel einiges auf den Weg; da kamen die Vögel und fraßen's auf. Einiges fiel auf felsigen Boden, wo es nicht viel Erde hatte, und ging bald auf, weil es keine tiefe Erde hatte. Als aber die Sonne aufging, verwelkte es, und weil es keine Wurzel hatte, verdorrte es. Einiges fiel unter die Dornen; und die Dornen wuchsen empor und erstickten's. Einiges fiel auf gutes Land und trug Frucht, einiges hundertfach, einiges sechzigfach, einiges dreißigfach. Wer Ohren hat, der höre!

Und die Jünger traten zu ihm und sprachen: Warum redest du zu ihnen in Gleichnissen? Er antwortete und sprach zu ihnen: Euch ist's gegeben, die Geheimnisse des Himmelreichs zu verstehen, diesen aber ist's nicht gegeben. Denn wer da hat, dem wird gegeben, daß er die Fülle habe; wer aber nicht hat, dem wird auch das genommen, was er hat. Darum rede ich zu ihnen in Gleichnissen. Denn mit sehenden Augen sehen sie nicht und mit hörenden Ohren hören sie nicht; und sie verstehen es nicht. Und an ihnen wird die Weissagung Jesajas erfüllt, die da sagt: »Mit den Ohren werdet ihr hören und werdet es nicht verstehen; und mit sehenden Augen werdet ihr sehen und werdet es nicht erkennen. Denn das Herz dieses Volkes ist verstockt: ihre Ohren hören schwer, und ihre Augen sind geschlossen, damit sie nicht etwa mit den Augen sehen und mit den Ohren hören und mit dem Herzen verstehen und sich bekehren, und ich ihnen helfe.« Aber selig sind eure Augen, daß sie sehen, und eure Ohren, daß sie hören. Wahrlich, ich sage euch: Viele Propheten und Gerechte haben begehrt, zu sehen, was ihr seht, und haben's nicht gesehen, und zu hören, was ihr hört, und haben's nicht gehört.

So hört nun ihr dies Gleichnis von dem Sämann: Wenn jemand das Wort von dem Reich hört und nicht versteht, so kommt der Böse und reißt hinweg, was in sein Herz gesät ist; das ist der, bei dem auf den Weg gesät ist. Bei dem aber auf felsigen Boden gesät ist, das ist, der das Wort hört und es gleich mit Freuden aufnimmt; aber er hat keine Wurzel in sich, sondern er ist wetterwendisch; wenn sich Bedrängnis oder Verfolgung erhebt um des Wortes willen, so fällt er gleich ab. Bei dem aber unter die Dornen gesät ist, das ist, der das Wort hört, und die Sorge der Welt und der betrügerische Reichtum ersticken das Wort, und er bringt keine Frucht. Bei dem aber auf gutes Land gesät ist, das ist, der das Wort hört und versteht und dann auch Frucht bringt; und der eine trägt hundertfach, der andere sechzigfach, der dritte dreißigfach.

Er legte ihnen ein anderes Gleichnis vor und sprach: Das Himmelreich gleicht einem Menschen, der guten Samen auf seinen Acker säte. Als aber die Leute schliefen, kam sein Feind und säte Unkraut zwischen den Weizen und ging davon. Als nun die Saat wuchs und Frucht brachte, da fand sich auch das Unkraut. Da traten die Knechte zu dem Hausvater und sprachen: Herr, hast du nicht guten Samen

Das Gleichnis vom Unkraut
Fenster aus dem 19. Jahrhundert, Kirche St. Nicholas, Hillesden, Buckinghamshire, England.

Das langhalmige Korn, so wie man es früher anbaute, wird mit der Sichel geschnitten. Im Vordergrund ein Feuer, um das Unkraut zu verbrennen. Die Bleiruten dieses Fensters sind leicht und unauffällig.

Matthäus

Das Gleichnis vom Sämann
Teil des sechsten Armenbibel-Fensters, frühes 13. Jahrhundert, nördliches Seitenschiff des Chores, Kathedrale, Canterbury, Kent, England.

Die Wirkung dieses Fensters liegt in seiner Einfachheit. Der Künstler zeigt einen Bauern im Arbeitskittel, wie sie im Mittelalter getragen wurden. Er hat einen Korb mit Saatgut um den Hals hängen. In den Furchen sieht man deutlich Körner und – vorwegnehmend – das üppig wuchernde Unkraut. Die Bleiruten, die die Glasstücke einfassen, sind in die Bildkomposition einbezogen.

auf deinen Acker gesät? Woher hat er denn das Unkraut? Er sprach zu ihnen: Das hat ein Feind getan. Da sprachen die Knechte: Willst du denn, daß wir hingehen und es ausjäten? Er sprach: Nein! damit ihr nicht zugleich den Weizen mit ausrauft, wenn ihr das Unkraut ausjätet. Laßt beides miteinander wachsen bis zur Ernte; und um die Erntezeit will ich zu den Schnittern sagen: Sammelt zuerst das Unkraut und bindet es in Bündel, damit man es verbrenne; aber den Weizen sammelt mir in meine Scheune.

Ein anderes Gleichnis legte er ihnen vor und sprach: Das Himmelreich gleicht einem Senfkorn, das ein Mensch nahm und auf seinen Acker säte; das ist das kleinste unter allen Samenkörnern; wenn es aber gewachsen ist, so ist es größer als alle Kräuter und wird ein Baum, so daß die Vögel unter dem Himmel kommen und wohnen in seinen Zweigen.

Ein anderes Gleichnis sagte er ihnen: Das Himmelreich gleicht einem Sauerteig, den eine Frau nahm und unter einen halben Zentner Mehl mengte, bis es ganz durchsäuert war.

Das alles redete Jesus in Gleichnissen zu dem Volk, und ohne Gleichnisse redete er nichts zu ihnen, damit erfüllt würde, was gesagt ist durch den Propheten, der da spricht: »Ich will meinen Mund auftun in Gleichnissen und will aussprechen, was verborgen war vom Anfang der Welt an.«

(Matthäus 13,1-35)

Markus

DIE VERKLÄRUNG

Jesus nahm mit sich Petrus, Jakobus und Johannes und führte sie auf einen hohen Berg, nur sie allein. Und er wurde vor ihnen verklärt; und seine Kleider wurden hell und sehr weiß, wie sie kein Bleicher auf Erden so weiß machen kann. Und es erschien ihnen Elia mit Mose, und sie redeten mit Jesus.

Und Petrus fing an und sprach zu Jesus: Rabbi, hier ist für uns gut sein. Wir wollen drei Hütten bauen, dir eine, Mose eine und Elia eine. Er wußte aber nicht, was er redete; denn sie waren ganz verstört.

Und es kam eine Wolke, die überschattete sie. Und eine Stimme geschah aus der Wolke: Das ist mein lieber Sohn; den sollt ihr hören! Und auf einmal, als sie um sich blickten, sahen sie niemand mehr bei sich als Jesus allein.

Als sie aber vom Berge hinabgingen, gebot ihnen Jesus, daß sie niemandem sagen sollten, was sie gesehen hatten, bis der Menschensohn auferstünde von den Toten. Und sie behielten das Wort und befragten sich untereinander: Was ist das, auferstehen von den Toten?

Und sie kamen zu den Jüngern und sahen eine große Menge um sie herum und Schriftgelehrte, die mit ihnen stritten. Und sobald die Menge ihn sah, entsetzten sich alle, liefen herbei und grüßten ihn. Und er fragte sie: Was streitet ihr mit ihnen? Einer aber aus der Menge antwortete: Meister, ich habe meinen Sohn hergebracht zu dir, der hat einen sprachlosen Geist. Und wo er ihn erwischt, reißt er ihn; und er hat Schaum vor dem Mund und knirscht mit den Zähnen und wird starr. Und ich habe mit deinen Jüngern geredet, daß sie ihn austreiben sollen, und sie konnten's nicht.

Er aber antwortete ihnen und sprach: O du ungläubiges Geschlecht, wie lange soll ich bei euch sein? Wie lange soll ich euch ertragen? Bringt ihn her zu mir! Und sie brachten ihn zu ihm. Und sogleich, als ihn der Geist sah, riß er ihn. Und er fiel auf die Erde, wälzte sich und hatte Schaum vor dem Mund. Und Jesus fragte seinen Vater: Wie lange ist's, daß ihm das widerfährt? Er sprach: Von Kind auf. Und oft hat er ihn ins Feuer und ins Wasser geworfen, daß er ihn umbrächte. Wenn du aber etwas kannst, so erbarme dich unser und hilf uns!

Jesus aber sprach zu ihm: Du sagst: Wenn du kannst – alle Dinge sind möglich dem, der da glaubt. Sogleich schrie der Vater des Kindes: Ich glaube; hilf meinem Unglauben!

Als nun Jesus sah, daß das Volk herbeilief, bedrohte er den unreinen Geist und sprach zu ihm: Du sprachloser und tauber Geist, ich gebiete dir: Fahre von ihm aus und fahre nicht mehr in ihn hinein! Da schrie er und riß ihn sehr und fuhr aus. Und der Knabe lag da wie tot, so daß die Menge sagte: Er ist tot. Jesus aber ergriff ihn bei der Hand und richtete ihn auf, und er stand auf.

(Markus 9,2-10.14-27)

Die Verklärung
Fenster aus dem 16. Jahrhundert, Kirche La Madeleine, Vermeuil, Frankreich.

Ein schwer darstellbares Geschehen. Der Künstler zeigt Christi Gestalt mit Lichtstrahlen umgeben, Lichtstrahlen entströmen auch Christi Mund. Diese fallen auf das Evangelienbuch – ein Hinweis auf die Weisung: »... den sollt ihr hören«.

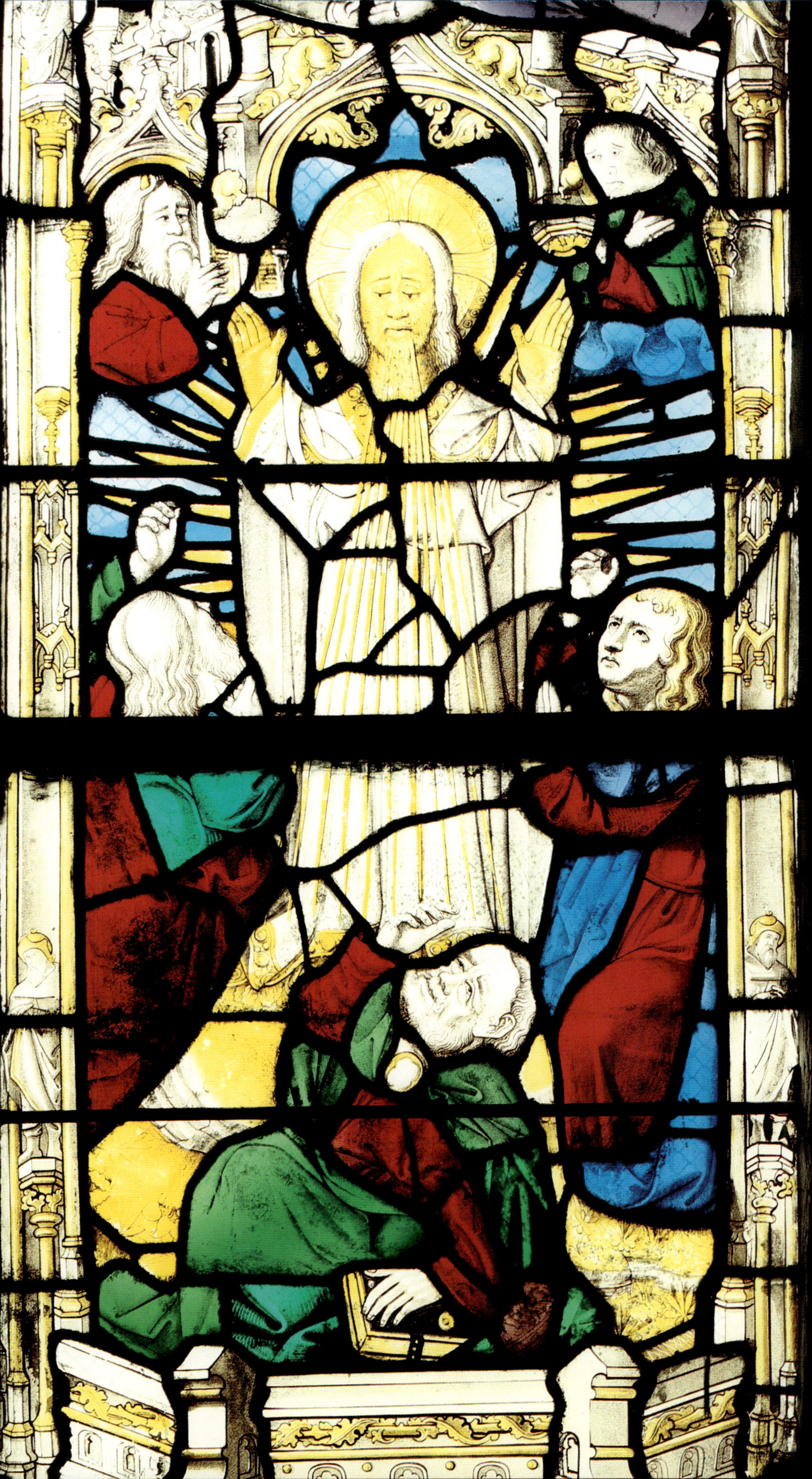

Lukas – Johannes

EINE SÜNDERIN SALBT JESUS

Einer der Pharisäer bat Jesus, bei ihm zu essen. Und er ging hinein in das Haus des Pharisäers und setzte sich zu Tisch. Und siehe, eine Frau war in der Stadt, die war eine Sünderin. Als die vernahm, daß er zu Tisch saß im Haus des Pharisäers, brachte sie ein Glas mit Salböl und trat von hinten zu seinen Füßen, weinte und fing an, seine Füße mit Tränen zu benetzen und mit den Haaren ihres Hauptes zu trocknen, und küßte seine Füße und salbte sie mit Salböl. Als aber das der Pharisäer sah, der ihn eingeladen hatte, sprach er bei sich selbst und sagte: Wenn dieser ein Prophet wäre, so wüßte er, wer und was für eine Frau das ist, die ihn anrührt; denn sie ist eine Sünderin. Jesus antwortete und sprach zu ihm: Simon, ich habe dir etwas zu sagen. Er aber sprach: Meister, sag es! Ein Gläubiger hatte zwei Schuldner. Einer war fünfhundert Silbergroschen schuldig, der andere fünfzig. Da sie aber nicht bezahlen konnten, schenkte er's beiden. Wer von ihnen wird ihn am meisten lieben? Simon antwortete und sprach: Ich denke, der, dem er am meisten geschenkt hat. Er aber sprach zu ihm: Du hast recht geurteilt. Und er wandte sich zu der Frau und sprach zu Simon: Siehst du diese Frau? Ich bin in dein Haus gekommen; du hast mir kein Wasser für meine Füße gegeben; diese aber hat meine Füße mit Tränen benetzt und mit ihren Haaren getrocknet. Du hast mir keinen Kuß gegeben; diese aber hat, seit ich hereingekommen bin, nicht abgelassen, meine Füße zu küssen. Du hast mein Haupt nicht mit Öl gesalbt; sie aber hat meine Füße mit Salböl gesalbt. Deshalb sage ich dir: Ihre vielen Sünden sind vergeben, denn sie hat viel Liebe gezeigt; wem aber wenig vergeben wird, der liebt wenig. Und er sprach zu ihr: Dir sind deine Sünden vergeben. Da fingen die an, die mit zu Tisch saßen, und sprachen bei sich selbst: Wer ist dieser, der auch die Sünden vergibt? Er aber sprach zu der Frau: Dein Glaube hat dir geholfen; geh hin in Frieden!

(Lukas 7,36-50)

JESUS UND DIE EHEBRECHERIN

Die Schriftgelehrten und Pharisäer brachten eine Frau zu ihm, beim Ehebruch ergriffen, und stellten sie in die Mitte und sprachen zu ihm: Meister, diese Frau ist auf frischer Tat beim Ehebruch ergriffen worden. Mose aber hat uns im Gesetz geboten, solche Frauen zu steinigen. Was sagst du? Das sagten sie aber, ihn zu versuchen, damit sie ihn verklagen könnten. Aber Jesus bückte sich und schrieb mit dem Finger auf die Erde. Als sie nun fortfuhren, ihn zu fragen, richtete er sich auf und sprach zu ihnen: Wer unter euch ohne Sünde ist, der werfe den ersten Stein auf sie. Und er bückte sich wieder und schrieb auf die Erde. Als sie aber das hörten, gingen sie weg, einer nach dem andern, die Ältesten zuerst; und Jesus blieb allein mit der Frau, die in der Mitte stand.

(Johannes 8,3-9)

Jesus und die Ehebrecherin ▷
Fenster von Guillaume de Marcillat, Kathedrale, Arezzo, Toskana, Italien; 1519–24.

Die beiden Hälften dieses Fensters bilden eine zusammenhängende Szene. Der Tempel ist ein Marmorbau mit reichem Schmuck. Er ist voller Menschen. Einige tuscheln, klagen an; andere schleichen schon davon. Die Frau steht mit ernstem Gesicht vor Jesus. Sie trägt ein Samtkleid mit einer gefältelten Schürze, wie es für das wohlhabende Bürgertum des 16. Jahrhunderts typisch war. Die Schriftzeichen auf der Steinplatte zu Jesu Füßen entsprechen der Aussage: Jesus bückte sich und schrieb mit dem Finger auf die Erde.

Eine Sünderin salbt Jesus
Flämische Scheibe, Kirche in Llanwenllwyfo, Anglesey, Nordwales.

Der Tisch ist einfach gedeckt. Man erkennt Becher, Messer, Teller und ein Salzfaß, dazu Fische und Brot. Nichts soll die Aufmerksamkeit von Jesus und der Frau mit ihrem schönen, langen Haar ablenken.

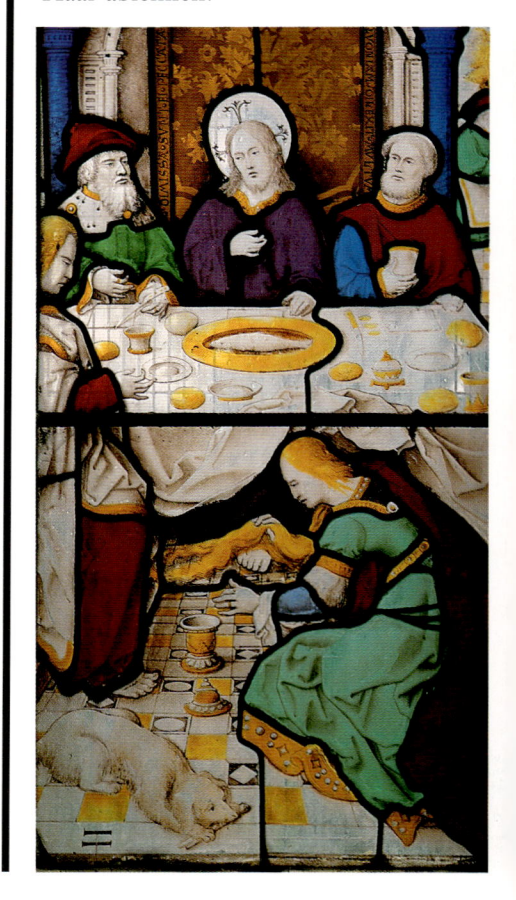

POSVERVT A[D]VERSVM ME MALA PRO BONI[S]

Matthäus

JESUS ZIEHT IN JERUSALEM EIN

Als sie in die Nähe von Jerusalem kamen, nach Betfage an den Ölberg, sandte Jesus zwei Jünger voraus und sprach zu ihnen: Geht hin in das Dorf, das vor euch liegt, und gleich werdet ihr eine Eselin angebunden finden und ein Füllen bei ihr; bindet sie los und führt sie zu mir! Und wenn euch jemand etwas sagen wird, so sprecht: Der Herr bedarf ihrer. Sogleich wird er sie euch überlassen. Das geschah aber, damit erfüllt würde, was gesagt ist durch den Propheten, der da spricht: »Sagt der Tochter Zion: Siehe, dein König kommt zu dir sanftmütig und reitet auf einem Esel und auf einem Füllen, dem Jungen eines Lasttiers.«

Die Jünger gingen hin und taten, wie ihnen Jesus befohlen hatte, und brachten die Eselin und das Füllen und legten ihre Kleider darauf, und er setzte sich darauf. Aber eine sehr große Menge breitete ihre Kleider auf den Weg; andere hieben Zweige von den Bäumen und streuten sie auf den Weg. Die Menge aber, die ihm voranging und nachfolgte, schrie: Hosianna dem Sohn Davids! Gelobt sei, der da kommt in dem Namen des Herrn! Hosianna in der Höhe!

Und als er in Jerusalem einzog, erregte sich die ganze Stadt und fragte: Wer ist der? Die Menge aber sprach: Das ist Jesus, der Prophet aus Nazareth in Galiläa.

(*Matthäus 21,1-11*)

Der Einzug in Jerusalem ▷
Teil eines Fensters aus dem 15. Jahrhundert von Hans Acker, Besserer-Kapelle, Münster, Ulm.

Die Darstellung zeigt viele Einzelheiten, ohne daß die klare, geschlossene Aussage des Bildes darunter leidet. Oben ein Mann, der (wie Zachäus) einen Baum bestiegen hat, um besser zu sehen. Beachtenswertes Detail: in den Händen eines der Jünger die mit Metallbändern beschlagene Geldtruhe (ein Hinweis auf den Verrat des Judas?).

Der Einzug in Jerusalem
Teil des Passionsfensters aus dem 14. Jahrhundert, südliches Seitenschiff, Münster, Straßburg, Elsaß, Frankreich.

An Fliesen erinnernde blaue Glasstücke bilden den Hintergrund dieser sorgfältigen Darstellung. Auch hier wird einer der Zuschauer in einem Baum sitzend dargestellt. Oben eine Reihe von Propheten, die das Kommen des Messias ankündigten.

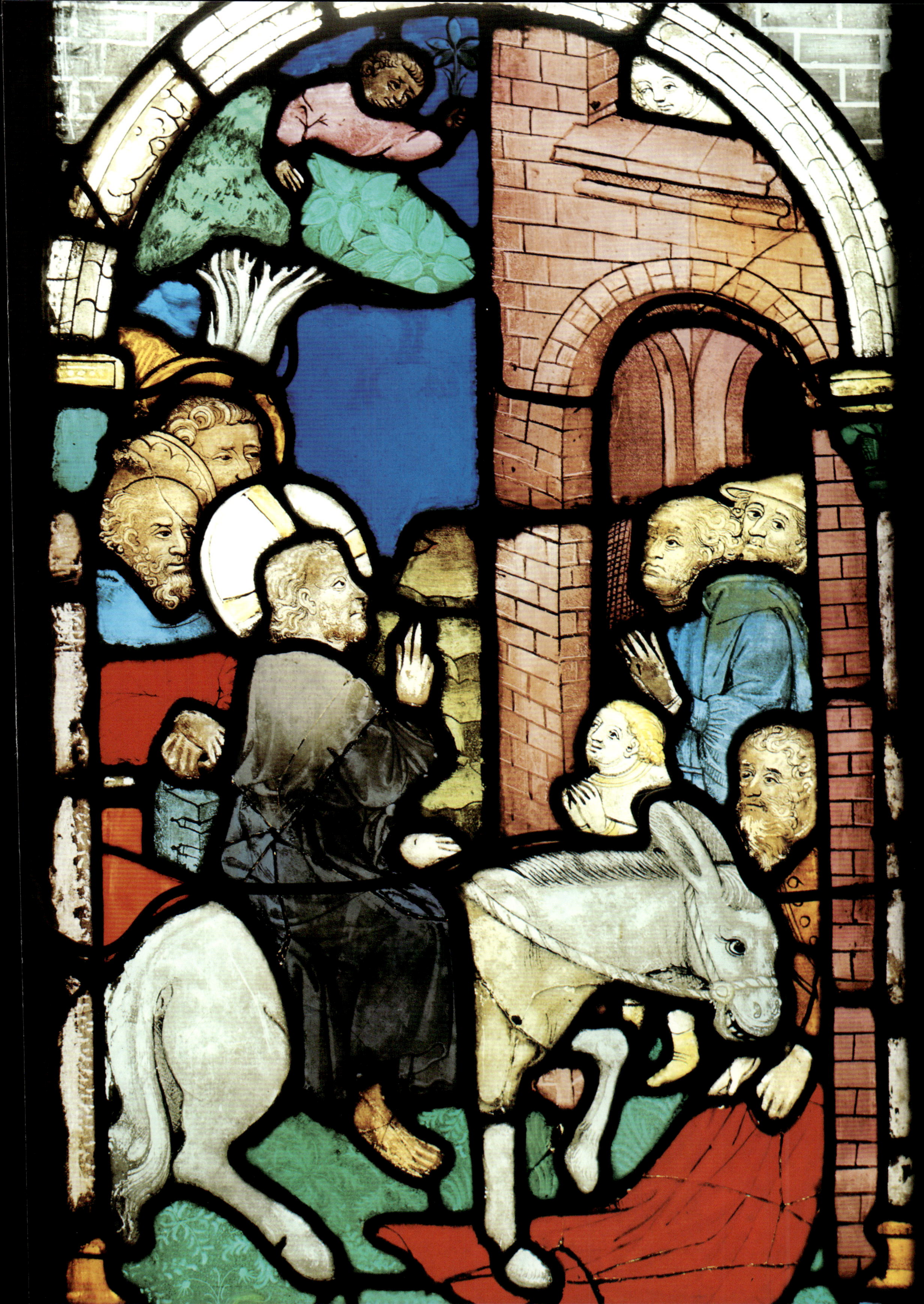

Matthäus

JESUS REINIGT DEN TEMPEL

Und Jesus ging in den Tempel hinein und trieb heraus alle Verkäufer und Käufer im Tempel und stieß die Tische der Geldwechsler um und die Stände der Taubenhändler und sprach zu ihnen: Es steht geschrieben: »Mein Haus soll ein Bethaus heißen«; ihr aber macht eine Räuberhöhle daraus. Und es gingen zu ihm Blinde und Lahme im Tempel, und er heilte sie. Als aber die Hohenpriester und Schriftgelehrten die Wunder sahen, die er tat, und die Kinder, die im Tempel schrien: Hosianna dem Sohn Davids!, entrüsteten sie sich und sprachen zu ihm: Hörst du auch, was diese sagen? Jesus antwortete ihnen: Ja! Habt ihr nie gelesen: »Aus dem Munde der Unmündigen und Säuglinge hast du dir Lob bereitet«? Und er ließ sie stehen und ging zur Stadt hinaus.

(Matthäus 21,12-17)

Das Abendmahl
Fenster aus St. Maria zur Wiese, Soest, Westfalen; um 1520.

Statt des Passalamms kommt hier Schinken auf den Tisch und ein Schweinskopf, dem sich ein mönchisch gekleideter Jünger zuwendet. Das Fenster erhielt davon den Namen »Das westfälische Abendmahl«. Judas, an der Geldtasche zu erkennen, scheint auf den Bissen, den Jesus ihm reichen wird, zu warten. Die Fensterform und die Ornamente im oberen Feld sind typisch für die Entstehungszeit.

Die Tempelreinigung ▷
Teil eines Fensters von Guillaume de Marcillat, Kathedrale, Arezzo, Toskana, Italien; 1519–24.

In dieser bewegten Szene verdienen die Einzelheiten Beachtung: die habgierigen Gesichter, die raffenden Hände, die metallenen Waagschalen. Der Tempel ist ein klassischer antiker Bau.

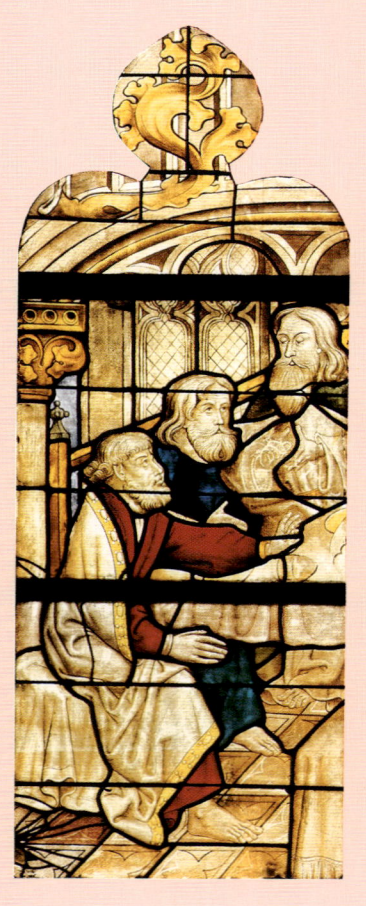

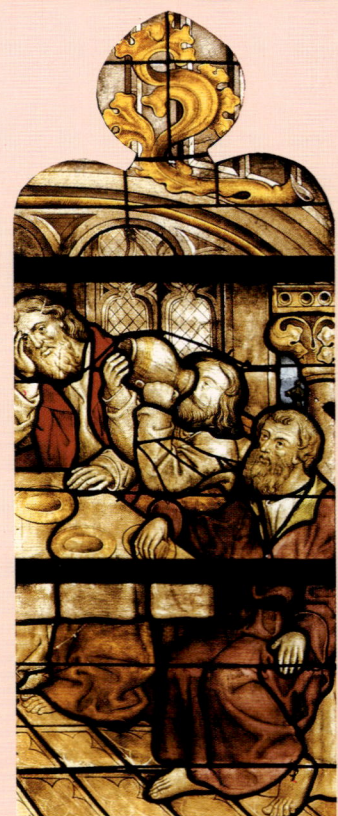

Johannes

Die Fußwaschung
Zwei Scheiben aus dem 15. Jahrhundert, Passionsfenster, Kirche St. Lorenz, Nürnberg.

Die Jünger scheinen überrascht zu sein, daß Jesus den Sklavendienst des Füßewaschens übernimmt. Petrus hat jedoch seinen Widerstand schon aufgegeben. Grün gilt oft als die Farbe des Unheils. Daher erklärt sich Judas' grüne Kleidung. Als einziger ist er ohne Heiligenschein dargestellt.

DIE FUSSWASCHUNG

Beim Abendessen, als schon der Teufel dem Judas, Simons Sohn, dem Iskariot, ins Herz gegeben hatte, ihn zu verraten, Jesus aber wußte, daß ihm der Vater alles in seine Hände gegeben hatte und daß er von Gott gekommen war und zu Gott ging, da stand er vom Mahl auf, legte sein Obergewand ab und nahm einen Schurz und umgürtete sich. Danach goß er Wasser in ein Becken, fing an, den Jüngern die Füße zu waschen, und trocknete sie mit dem Schurz, mit dem er umgürtet war. Da kam er zu Simon Petrus; der sprach zu ihm: Herr, solltest du mir die Füße waschen? Jesus antwortete und sprach zu ihm: Was ich tue, das verstehst du jetzt nicht; du wirst es aber hernach erfahren. Da sprach Petrus zu ihm: Nimmermehr sollst du mir die Füße waschen! Jesus antwortete ihm: Wenn ich dich nicht wasche, so hast du kein Teil an mir.

Als er nun ihre Füße gewaschen hatte, nahm er seine Kleider und setzte sich wieder nieder und sprach zu ihnen: Wißt ihr, was ich euch getan habe? Ihr nennt mich Meister und Herr und sagt es mit Recht, denn ich bin's auch. Wenn nun ich, euer Herr und Meister, euch die Füße gewaschen habe, so sollt auch ihr euch untereinander die Füße waschen. Ein Beispiel habe ich euch gegeben, damit ihr tut, wie ich euch getan habe.

(Johannes 13,2-8.12-15)

Lukas

Die Bezeichnung des Verräters
Fenster aus dem 14. Jahrhundert, Münster, Freiburg i. Br.

Jesus reicht Judas das Brot beim letzten Abendmahl. Im Vordergrund eine Zinnkanne der damaligen Zeit.

Jesus im Garten Gethsemane ▷
Fenster aus dem 15. Jahrhundert von Hans Acker, Besserer-Kapelle, Münster, Ulm.

Die starken Bleiruten verstärken noch die dunkle Färbung des Bildes.

Jesus im Garten Gethsemane ▽
Nach einem Kartonentwurf von Charles Larivière, ausgeführt von Béranger, Chapelle Royale, Dreux, Frankreich; 1845.

In dieser dunklen Scheibe fällt Licht allein auf den Engel, der den Kelch hält, und auf den betenden Jesus.

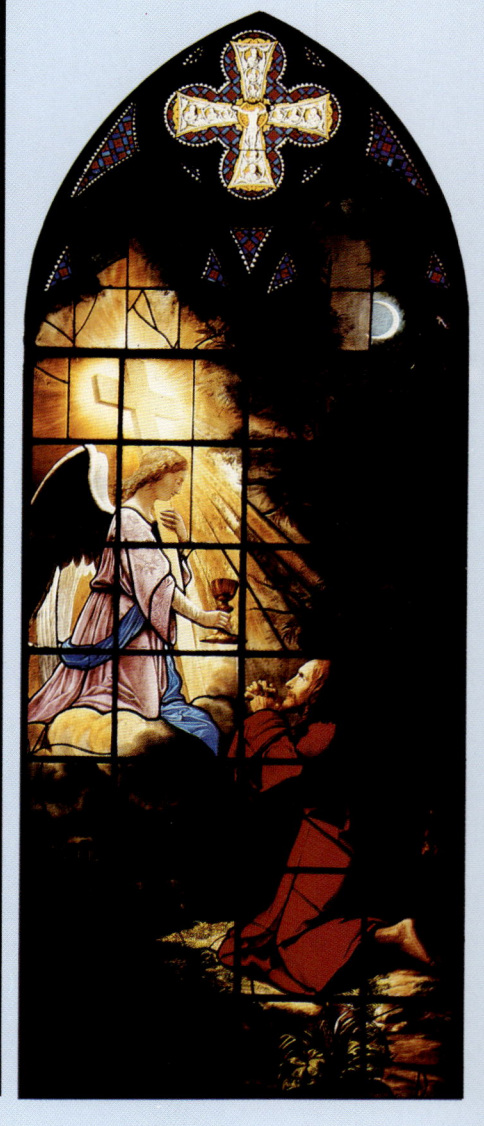

JESUS BETET IN GETHSEMANE

Und er ging nach seiner Gewohnheit hinaus an den Ölberg. Es folgten ihm aber auch die Jünger. Und als er dahin kam, sprach er zu ihnen: Betet, damit ihr nicht in Anfechtung fallt! Und er riß sich von ihnen los, etwa einen Steinwurf weit, und kniete nieder, betete und sprach: Vater, willst du, so nimm diesen Kelch von mir; doch nicht mein, sondern dein Wille geschehe!

Es erschien ihm aber ein Engel vom Himmel und stärkte ihn. Und er rang mit dem Tode und betete heftiger. Und sein Schweiß wurde wie Blutstropfen, die auf die Erde fielen.

Und er stand auf von dem Gebet und kam zu seinen Jüngern und fand sie schlafend vor Traurigkeit und sprach zu ihnen: Was schlaft ihr? Steht auf und betet, damit ihr nicht in Anfechtung fallt!

(Lukas 22,39-46)

Lukas

113

Markus

Jesus vor Pilatus ▷
Fenster aus dem 15. Jahrhundert von Hans Acker, große Teile restauriert im 19. Jahrhundert, Besserer-Kapelle, Münster, Ulm.

Zu den späteren Ergänzungen zählen die Köpfe von Jesus und Pilatus. Jesus trägt den dunklen Purpurmantel eines Königs, den ihm die römischen Soldaten zum Spott anlegten. Neben ihm einer der jüdischen Ankläger. Rechts hinter Pilatus seine Frau, die ihn aufgrund ihres Traumes warnt. An dem beachtenswerten (und ursprünglichen) Baldachin, der die Bildebene durchbricht, zwei kleine Wappenschilder mit dem römischen Adler.

Die Gefangennahme
Flämische Scheibe aus dem 16. Jahrhundert, Kirche in Llanwenllwyfo, Anglesey, Nordwales.

In dieser dramatischen Szene ist Judas ganz an den Rand gerückt. Er stiehlt sich fort (oben rechts). Der obere Teil der Scheibe ist mit dicken Bleiruten unschön ausgebessert.

JESUS WIRD GEFANGENGENOMMEN

Und alsbald, während er noch redete, kam herzu Judas, einer von den Zwölfen, und mit ihm eine Schar mit Schwertern und mit Stangen, von den Hohenpriestern und Schriftgelehrten und Ältesten. Und der Verräter hatte ihnen ein Zeichen genannt und gesagt: Welchen ich küssen werde, der ist's; den ergreift und führt ihn sicher ab. Und als er kam, trat er alsbald zu ihm und sprach: Rabbi! und küßte ihn. Die aber legten Hand an ihn und ergriffen ihn. Einer aber von denen, die dabeistanden, zog sein Schwert und schlug nach dem Knecht des Hohenpriesters und hieb ihm ein Ohr ab. Und Jesus antwortete und sprach zu ihnen: Ihr seid ausgezogen wie gegen einen Räuber mit Schwertern und mit Stangen, mich zu fangen. Ich bin täglich bei euch im Tempel gewesen und habe gelehrt, und ihr habt mich nicht ergriffen. Aber so muß die Schrift erfüllt werden. Da verließen ihn alle und flohen.

(Markus 14,43-50)

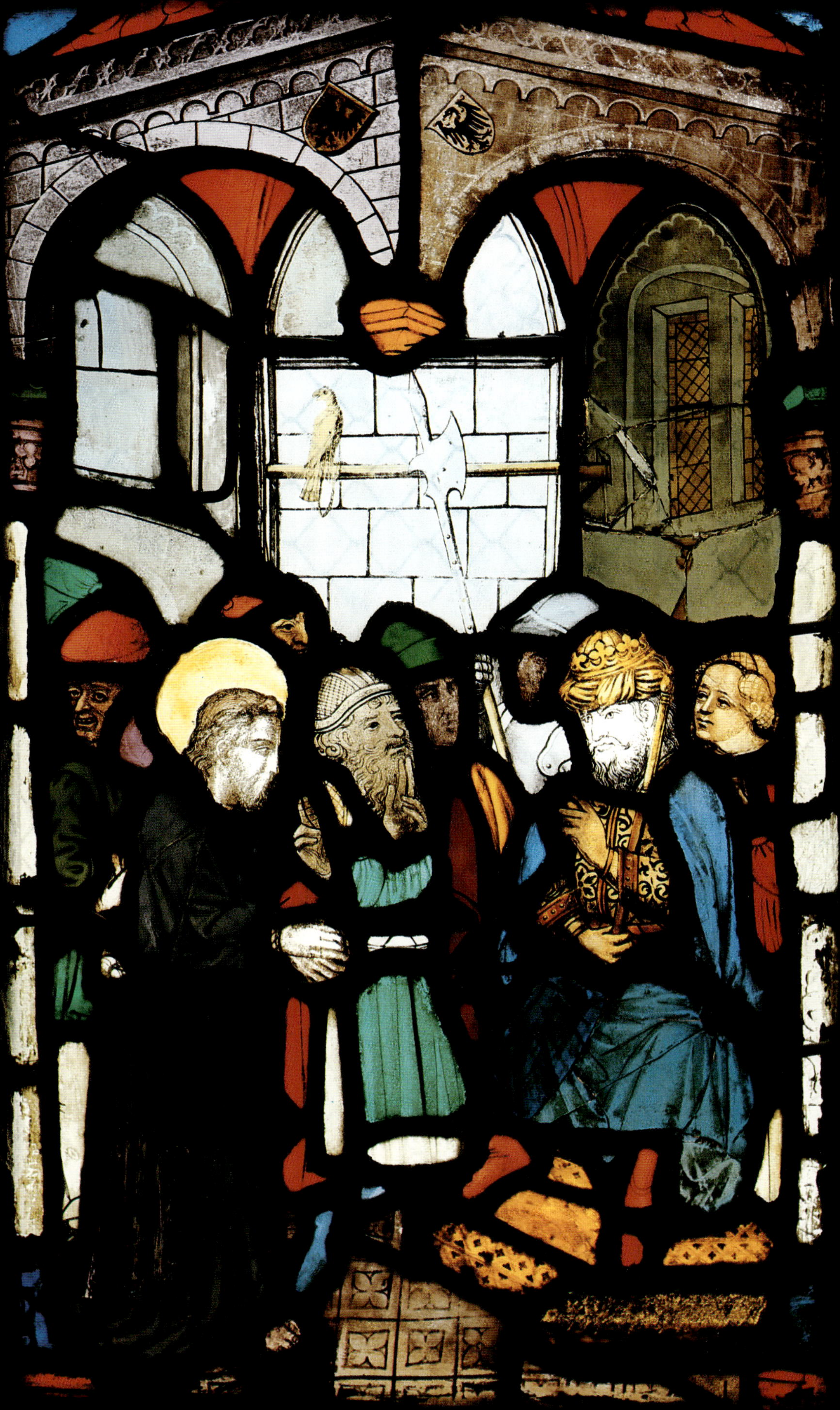

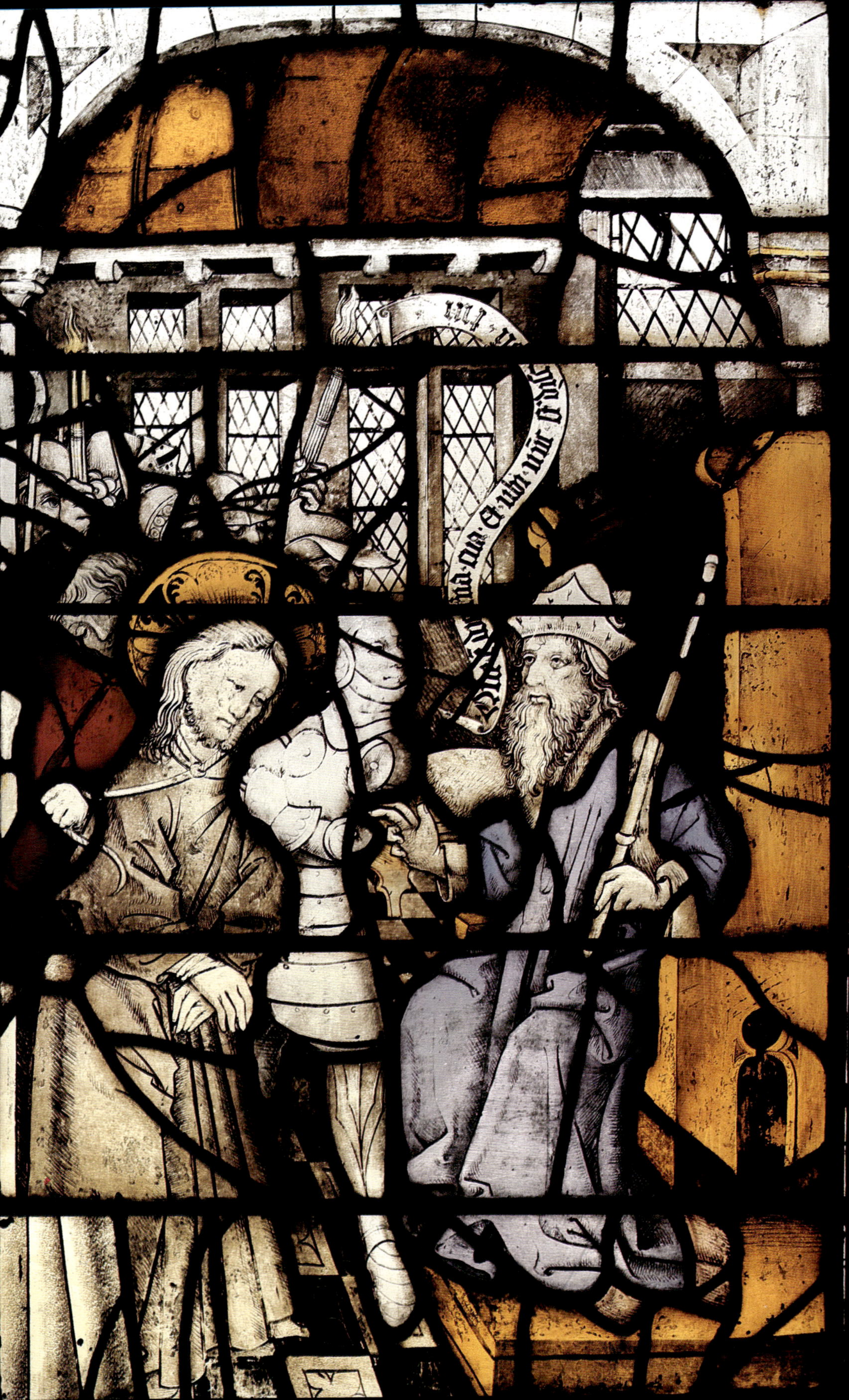

Jesus vor Kaiphas
Eine Scheibe des 15. Jahrhunderts aus dem Rheinland, jetzt in der Kirche St. Mary, Stoke d'Abernon, Surrey, England.

Jesus hat man einen Strick um den Hals gelegt. Der jüdische Hohepriester Kaiphas befragt ihn mit einer beschwörenden Geste. Nach dem Spruchband geht es um Jesu Lehre und um seine Jünger: Quae est doctrina tua, et ubi nunc sunt discipuli tui? (Siehe den Bibeltext auf Seite 120.)

Jesus vor Pilatus ▷
Scheibe aus dem 15. Jahrhundert, Sakramentskapelle, Dom, Köln.

In den unverhältnismäßig großen Gesichtern der grobschlächtigen Soldaten und Bauern steht ihre ganze Grausamkeit geschrieben. Pilatus distanziert sich, er »wäscht sich die Hände in Unschuld«.

JESUS VOR PILATUS

Zum Fest hatte der Statthalter die Gewohnheit, dem Volk einen Gefangenen loszugeben, welchen sie wollten. Sie hatten aber zu der Zeit einen berüchtigten Gefangenen, der hieß Jesus Barabbas. Und als sie versammelt waren, sprach Pilatus zu ihnen: Welchen wollt ihr? Wen soll ich euch losgeben, Jesus Barabbas oder Jesus, von dem gesagt wird, er sei der Christus? Denn er wußte, daß sie ihn aus Neid überantwortet hatten. Und als er auf dem Richterstuhl saß, schickte seine Frau zu ihm und ließ ihm sagen: Habe du nichts zu schaffen mit diesem Gerechten; denn ich habe heute viel erlitten im Traum um seinetwillen. Aber die Hohenpriester und Ältesten überredeten das Volk, daß sie um Barabbas bitten, Jesus aber umbringen sollten. Da fing der Statthalter an und sprach zu ihnen: Welchen wollt ihr? Wen von den beiden soll ich euch losgeben? Sie sprachen: Barabbas! Pilatus sprach zu ihnen: Was soll ich denn machen mit Jesus, von dem gesagt wird, er sei der Christus? Sie sprachen alle: Laß ihn kreuzigen! Er aber sagte: Was hat er denn Böses getan? Sie schrien aber noch mehr: Laß ihn kreuzigen! Als aber Pilatus sah, daß er nichts ausrichtete, sondern das Getümmel immer größer wurde, nahm er Wasser und wusch sich die Hände vor dem Volk und sprach: Ich bin unschuldig an seinem Blut; seht ihr zu! Da antwortete das ganze Volk und sprach: Sein Blut komme über uns und unsere Kinder! Da gab er ihnen Barabbas los, aber Jesus ließ er geißeln und überantwortete ihn, daß er gekreuzigt werde.

(Matthäus 27,15-26)

Matthäus

JESUS WIRD VERSPOTTET

Da nahmen die Soldaten des Statthalters Jesus mit sich in das Prätorium und sammelten die ganze Abteilung um ihn. Und zogen ihn aus und legten ihm einen Purpurmantel an und flochten eine Dornenkrone und setzten sie ihm aufs Haupt und gaben ihm ein Rohr in seine rechte Hand und beugten die Knie vor ihm und verspotteten ihn und sprachen: Gegrüßet seist du, der Juden König! und spien ihn an und nahmen das Rohr und schlugen damit sein Haupt.

(Matthäus 27,27-30)

Die Verspottung Jesu durch die Juden ▷
Scheibe des Passionsfensters aus dem 15. Jahrhundert, Kirche La Madeleine, Troyes, Frankreich.

Die Szene entspricht dem auf Seite 120 abgedruckten Bibeltext. Jesus wurden die Augen zugebunden; er soll sich als Prophet beweisen (Spruchband: »Prophetiza quis te percussit«).

Die Geißelung Jesu
Scheibe aus dem 15. Jahrhundert, Sakramentskapelle, Dom, Köln.

Die Szene entspricht dem Bibeltext Johannes 19,1. Zwei Soldaten schwingen ihre Folterinstrumente. Die Säule, an die man Jesus band, ist purpurfarben — eine Anspielung auf den Anklagepunkt: König der Juden. In Jesu Hand ist schon ein Loch erkennbar, ein vorwegnehmender Hinweis auf die Nagelwunden der Kreuzigung.

Die Verspottung Jesu durch die Soldaten ▽
Fenster aus dem 16. Jahrhundert, Kirche La Madeleine, Vermeuil, Frankreich.

Jesu Gewand ist hier königsblau und nicht, wie üblich, purpurfarben. Die Dornenkrone wird mit dem Stock festgeschlagen; der Mann im Vordergrund ist davon mit Blut besprizt. Jeder Soldat trägt rechts einen ledernen Fäustling zum Schutz gegen die Dornen. Die rechte Hand des knienden Soldaten ist ausgebessert.

prophetiza q̄ te percussit

Matthäus

JESU VERURTEILUNG UND VERSPOTTUNG —
SEINE VERLEUGNUNG DURCH PETRUS

Die aber Jesus ergriffen hatten, führten ihn zu dem Hohenpriester Kaiphas, wo die Schriftgelehrten und Ältesten sich versammelt hatten. Petrus aber folgte ihm von ferne bis zum Palast des Hohenpriesters und ging hinein und setzte sich zu den Knechten, um zu sehen, worauf es hinaus wollte.

Die Hohenpriester aber und der ganze Hohe Rat suchten falsches Zeugnis gegen Jesus, daß sie ihn töteten. Und obwohl viele falsche Zeugen herzutraten, fanden sie doch nichts. Zuletzt traten zwei herzu und sprachen: Er hat gesagt: Ich kann den Tempel Gottes abbrechen und in drei Tagen aufbauen. Und der Hohepriester stand auf und sprach zu ihm: Antwortest du nichts auf das, was diese gegen dich bezeugen? Aber Jesus schwieg still.

Und der Hohepriester sprach zu ihm: Ich beschwöre dich bei dem lebendigen Gott, daß du uns sagst, ob du der Christus bist, der Sohn Gottes. Jesus sprach zu ihm: Du sagst es. Doch sage ich euch: Von nun an werdet ihr sehen den Menschensohn sitzen zur Rechten der Kraft und kommen auf den Wolken des Himmels. Da zerriß der Hohepriester seine Kleider und sprach: Er hat Gott gelästert! Was bedürfen wir weiterer Zeugen? Siehe, jetzt habt ihr die Gotteslästerung gehört. Was ist euer Urteil? Sie antworteten und sprachen: Er ist des Todes schuldig.

Da spien sie ihm ins Angesicht und schlugen ihn mit Fäusten. Einige aber schlugen ihn ins Angesicht und sprachen: Weissage uns, Christus, wer ist's, der dich schlug?

Petrus aber saß draußen im Hof; da trat eine Magd zu ihm und sprach: Und du warst auch mit dem Jesus aus Galiläa. Er leugnete aber vor ihnen allen und sprach: Ich weiß nicht, was du sagst. Als er aber hinausging in die Torhalle, sah ihn eine andere und sprach zu denen, die da waren: Dieser war auch mit dem Jesus von Nazareth. Und er leugnete abermals und schwor dazu: Ich kenne den Menschen nicht. Und nach einer kleinen Weile traten hinzu, die da standen, und sprachen zu Petrus: Wahrhaftig, du bist auch einer von denen, denn deine Sprache verrät dich. Da fing er an, sich zu verfluchen und zu schwören: Ich kenne den Menschen nicht. Und alsbald krähte der Hahn. Da dachte Petrus an das Wort, das Jesus zu ihm gesagt hatte: Ehe der Hahn kräht, wirst du mich dreimal verleugnen. Und er ging hinaus und weinte bitterlich.

(Matthäus 26,57-75)

Petrus verleugnet Jesus ▷
Teil eines Lanzettfensters aus dem 20. Jahrhundert, Prisoners of Conscience Window von Gabriel Loire, Kathedrale, Salisbury, Wiltshire, England.

Rot und ein strahlendes Blau sind die Farben des Hahns. Der Künstler, Gabriel Loire, arbeitet in Lèves bei Chartres. Zweifellos sind seine intensiven Blautöne vom mittelalterlichen Chartres-Blau beeinflußt. Arbeiten von Loire finden sich außer in Westeuropa in Afrika, Mexiko und Japan.

Petrus verleugnet Jesus
Scheibe von Hans Gottfried von Stockhausen, Besserer-Kapelle, Münster, Ulm (vgl. das Fenster auf S. 34).

Eindrücklich spiegeln sich die Empfindungen der Personen auf ihren Gesichtern: bei den neugierigen Zaungästen, bei der schmucken Magd, bei Petrus, dessen Gesicht im Widerschein des Feuers aussieht, als ob es von den Höllenflammen seiner eigenen selbstquälerischen Gedanken überzogen wäre.

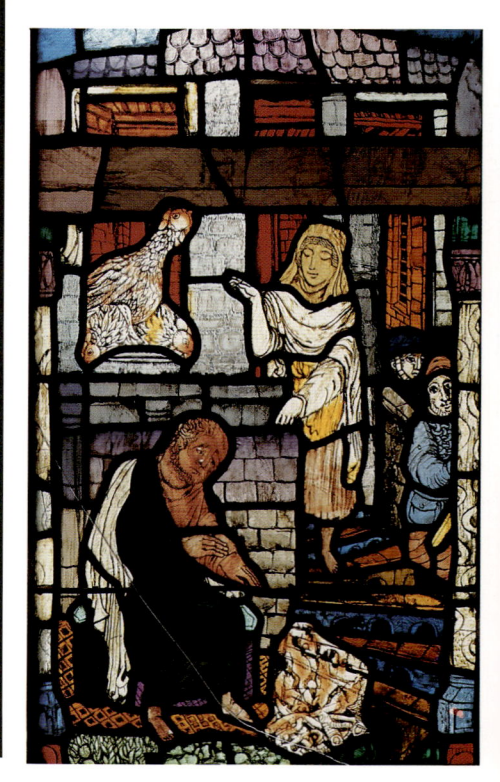

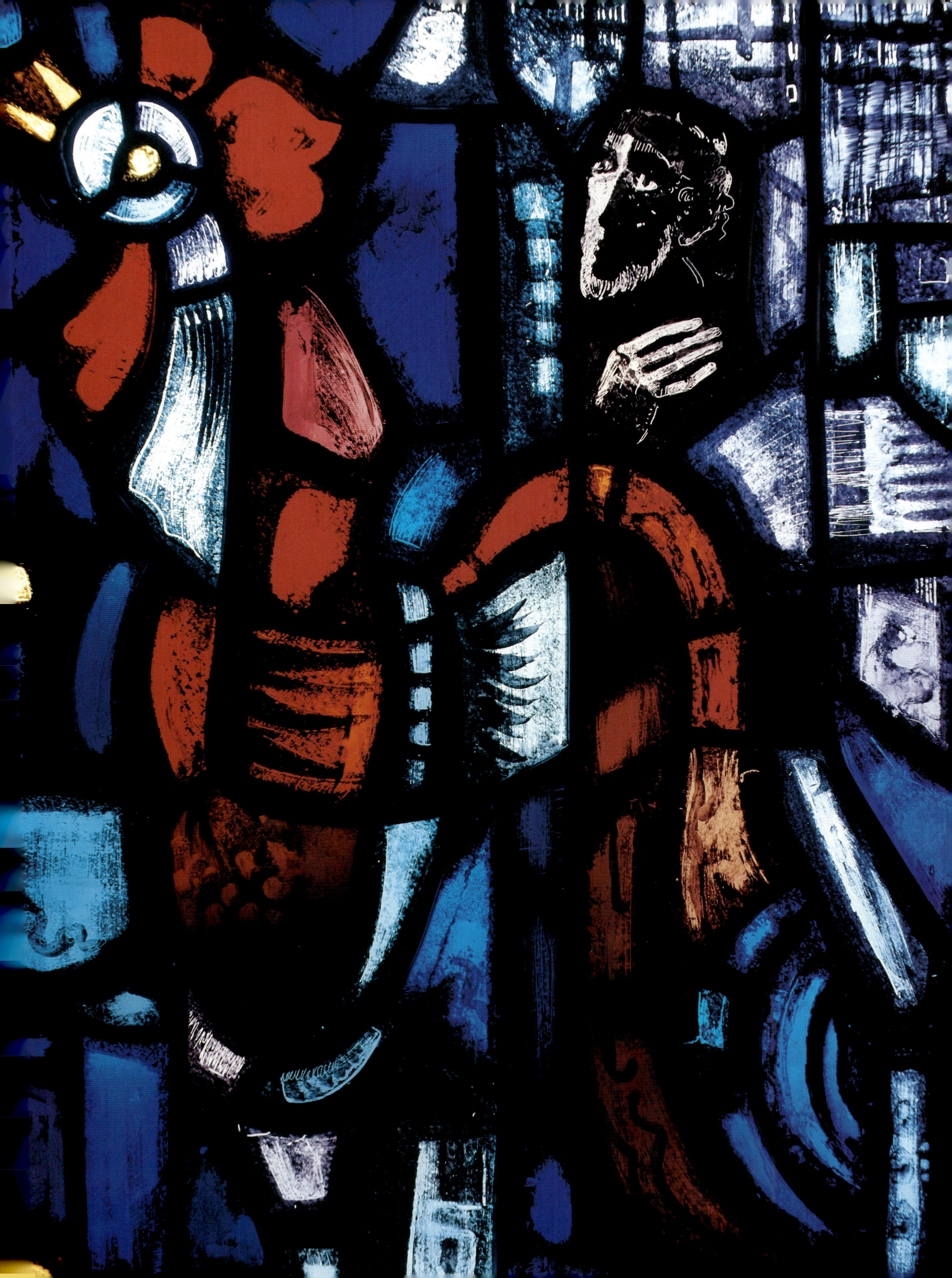

Lukas

JESUS AUF DEM WEG NACH GOLGATHA

Als sie Jesus abführten, ergriffen sie einen Mann, Simon von Kyrene, der vom Feld kam, und legten das Kreuz auf ihn, daß er's Jesus nachtrüge.

Es folgte ihm aber eine große Volksmenge und Frauen, die klagten und beweinten ihn. Jesus aber wandte sich um zu ihnen und sprach: Ihr Töchter von Jerusalem, weint nicht über mich, sondern weint über euch selbst und über eure Kinder. Denn siehe, es wird die Zeit kommen, in der man sagen wird: Selig sind die Unfruchtbaren und die Leiber, die nicht geboren haben, und die Brüste, die nicht genährt haben! Dann werden sie anfangen, zu sagen zu den Bergen: Fallt über uns! und zu den Hügeln: Bedeckt uns! Denn wenn man das tut am grünen Holz, was wird am dürren werden?

(Lukas 23,26-31)

Simon von Kyrene ▷
Aus der Kirche St. Johann, Gouda, Niederlande; 1559.

In diesem Fenster sind reizvolle Einzelheiten der zeitgenössischen niederländischen Kleidung zu erkennen. Die beiden Verbrecher, die mit Jesus gekreuzigt werden, sind hier junge Männer.

Jesus trägt sein Kreuz
Fenster aus dem 20. Jahrhundert von Gabriel Loire, Kirche in Coignières bei Versailles, Frankreich.

Der Künstler malt Jesus stark und gefaßt. Veronika hält ein Tuch, mit dem sie Blut und Schweiß von Jesu Gesicht abgewischt hat. Nach der Legende fand sich das Gesicht darauf abgebildet.

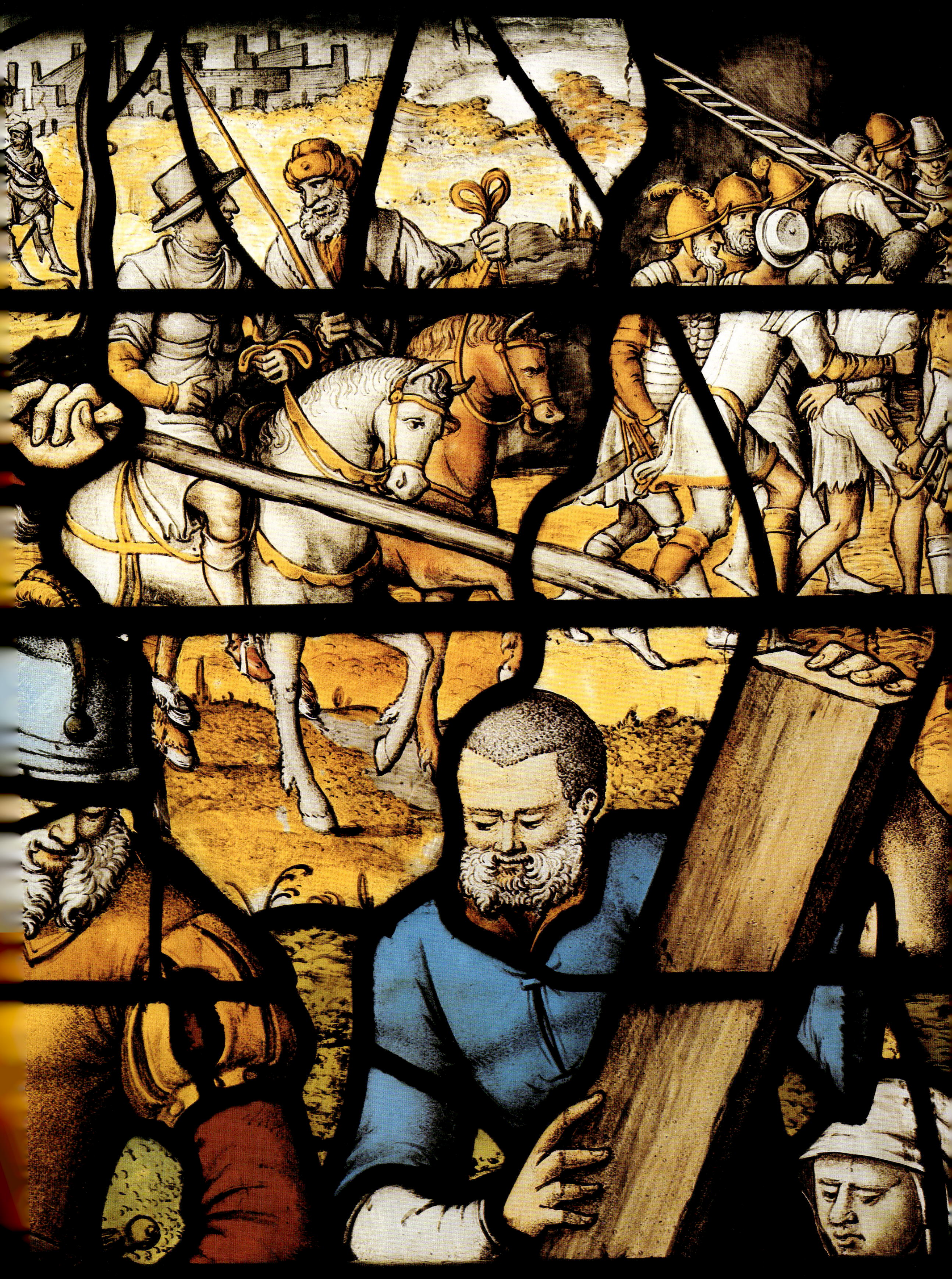

Matthäus

Die Soldaten würfeln um Jesu Kleider
Teil eines Fensters aus dem 15. Jahrhundert, Sakramentskapelle, Dom, Köln.

Ein seltenes Motiv in der Glasmalerei. Das Benehmen der Soldaten zeigt, daß eine Kreuzigung zu ihrem Alltag gehört. In dieser geschäftigen Szene erkennt man einen Soldaten, der Löcher für die Nägel bohrt, einen anderen, der eine Geißel schwingt, und eine Gestalt mit Kapuze, die die Inschrift für Jesu Kreuz trägt.

DIE KREUZIGUNG

Und als sie an die Stätte kamen mit Namen Golgatha, das heißt: Schädelstätte, gaben sie ihm Wein zu trinken mit Galle vermischt; und als er's schmeckte, wollte er nicht trinken.

Als sie ihn aber gekreuzigt hatten, verteilten sie seine Kleider und warfen das Los darum. Und sie saßen da und bewachten ihn. Und oben über sein Haupt setzten sie eine Aufschrift mit der Ursache seines Todes: »Dies ist Jesus, der Juden König.«

Und da wurden zwei Räuber mit ihm gekreuzigt, einer zur Rechten und einer zur Linken.

Die aber vorübergingen, lästerten ihn und schüttelten ihre Köpfe und sprachen: Der du den Tempel abbrichst und baust ihn auf in drei Tagen, hilf dir selber, wenn du Gottes Sohn bist, und steig herab vom Kreuz! Desgleichen spotteten auch die Hohenpriester mit den Schriftgelehrten und Ältesten und sprachen: Andern hat er geholfen und kann sich selber nicht helfen. Ist er der König von Israel, so steige er nun vom Kreuz herab. Dann wollen wir an ihn glauben. Er hat Gott vertraut; der erlöse ihn nun, wenn er Gefallen an ihm hat; denn er hat gesagt: Ich bin Gottes Sohn. Desgleichen schmähten ihn auch die Räuber, die mit ihm gekreuzigt waren.

(Matthäus 27,33-44)

Matthäus

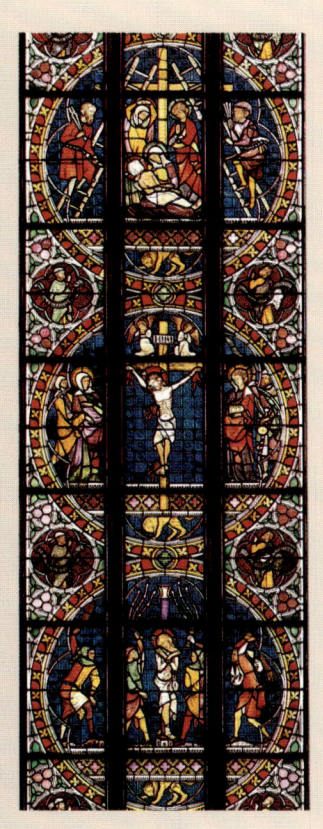

Die Kreuzigung △
Fenster aus dem 14. Jahrhundert, Klosterkirche, Königsfelden, Schweiz.

Dieses Fenster besitzt drei Medaillons. Das untere zeigt Jesus an der Geißelsäule. Diese ist purpurfarben als Hinweis auf Jesu königliche Abstammung. Hierauf weist auch der Löwe von Juda unten in jeder Scheibe hin, das Zeichen des Königshauses David. Im mittleren Medaillon der gekreuzigte Jesus. Maria, seine Mutter, wird von Maria Magdalena getröstet. Diese hat ein Gefäß mit Spezereien bei sich. Johannes hält das Evangelienbuch. Hinter ihm ein Soldat mit dem in Essig getränkten Schwamm, der dem sterbenden Jesus gereicht wurde. Das obere Medaillon zeigt die Kreuzabnahme. Die Männer führen ihr Handwerkszeug mit sich; einer trägt den Maurerhammer im Gürtel.

Die Annagelung ans Kreuz ▷
Fenster aus dem Rheinland, Kölner Gegend, jetzt in der Kirche St. Mary, Stoke d'Abernon, Surrey, England.

Um auf die Grausamkeit des Geschehens hinzuweisen, hat der Künstler die Nägel unverhältnismäßig groß gemalt. Zwei Männer ziehen ein Tau an Jesu Handgelenk fest, um die Arme, die auch das Körpergewicht tragen müssen, zu strecken.

125

Matthäus – Johannes

JESUS AM KREUZ

Und von der sechsten Stunde an kam eine Finsternis über das ganze Land bis zur neunten Stunde. Und um die neunte Stunde schrie Jesus laut: Eli, Eli, lama asabtani? das heißt: Mein Gott, mein Gott, warum hast du mich verlassen? Einige aber, die da standen, als sie das hörten, sprachen sie: Der ruft nach Elia. Und sogleich lief einer von ihnen, nahm einen Schwamm und füllte ihn mit Essig und steckte ihn auf ein Rohr und gab ihm zu trinken. Die andern aber sprachen: Halt, laß sehen, ob Elia komme und ihm helfe! Aber Jesus schrie abermals laut und verschied.

Und siehe, der Vorhang im Tempel zerriß in zwei Stücke von oben an bis unten aus. Und die Erde erbebte, und die Felsen zerrissen, und die Gräber taten sich auf, und viele Leiber der entschlafenen Heiligen standen auf und gingen aus den Gräbern nach seiner Auferstehung und kamen in die heilige Stadt und erschienen vielen.

Als aber der Hauptmann und die mit ihm Jesus bewachten das Erdbeben sahen und was da geschah, erschraken sie sehr und sprachen: Wahrlich, dieser ist Gottes Sohn gewesen!

(Matthäus 27,45-54)

JESUS UND SEINE MUTTER

Es standen aber bei dem Kreuz Jesu seine Mutter und seiner Mutter Schwester, Maria, die Frau des Klopas, und Maria von Magdala. Als nun Jesus seine Mutter sah und bei ihr den Jünger, den er liebhatte, spricht er zu seiner Mutter: Frau, siehe, das ist dein Sohn! Danach spricht er zu dem Jünger: Siehe, das ist deine Mutter! Und von der Stunde an nahm sie der Jünger zu sich.

Danach, als Jesus wußte, daß schon alles vollbracht war, spricht er, damit die Schrift erfüllt würde: Mich dürstet. Da stand ein Gefäß voll Essig. Sie aber füllten einen Schwamm mit Essig und steckten ihn auf ein Ysoprohr und hielten es ihm an den Mund. Als nun Jesus den Essig genommen hatte, sprach er: Es ist vollbracht! und neigte das Haupt und verschied.

(Johannes 19,25-30)

Die Kreuzigung ▷
Fenster aus dem 14. Jahrhundert, Kirche St. Michael and All Angels, Eaton Bishop, Herefordshire, England.

Die grüne Farbe des Kreuzes erinnert an einen Baum. Damit wird ausgedrückt, daß in diesem Tod neues Leben beschlossen liegt. Maria ringt vor Schmerz die Hände, Johannes hält das Evangelienbuch. Als Bordüre eine Weinranke, wohl eine Anspielung auf Jesu Wort: »Ich bin der Weinstock.«

Die Kreuzigung
Flämisches Fenster aus dem 14. Jahrhundert, Kirche in Llanwenllwyfo, Anglesey, Nordwales.

Der zur Hälfte verdunkelte Mond ist eine Anspielung auf die große Finsternis, die bei Jesu Tod eintrat. Die beiden Verbrecher sind mit Stricken an das Kreuz gebunden. Die Binde vor den Augen unterscheidet den linken von dem rechten, der nach Lukas 23,39-43 Jesus »erkennt« und um Gnade anruft.

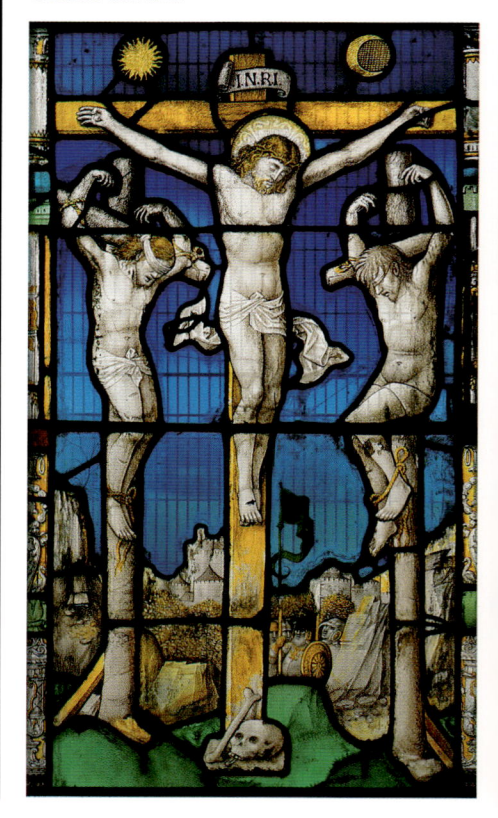

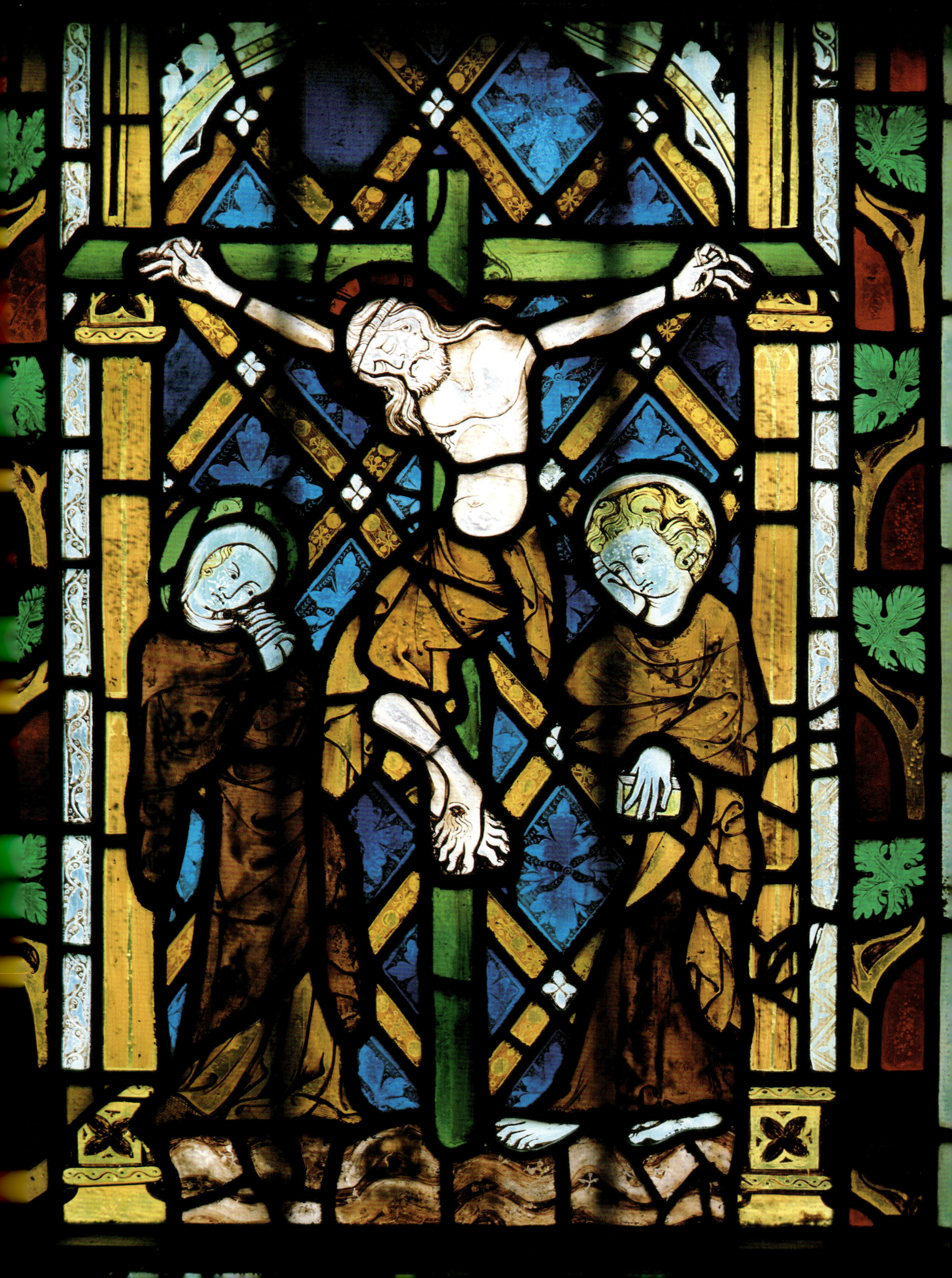

Matthäus

JESUS WIRD INS GRAB GELEGT

Und es waren viele Frauen da, die von ferne zusahen; die waren Jesus aus Galiläa nachgefolgt und hatten ihm gedient; unter ihnen war Maria von Magdala und Maria, die Mutter des Jakobus und Josef, und die Mutter der Söhne des Zebedäus.

Am Abend aber kam ein reicher Mann aus Arimathäa, der hieß Josef und war auch ein Jünger Jesu. Der ging zu Pilatus und bat um den Leib Jesu. Da befahl Pilatus, man sollte ihm ihn geben. Und Josef nahm den Leib und wickelte ihn in ein reines Leinentuch und legte ihn in sein eigenes neues Grab, das er in einen Felsen hatte hauen lassen, und wälzte einen großen Stein vor die Tür des Grabes und ging davon. Es waren aber dort Maria von Magdala und die andere Maria; die saßen dem Grab gegenüber.

(Matthäus 27,55-61)

Die Kreuzabnahme
Fenster von Andrea del Castagno, Dom, Florenz, Italien; 1444.

Dieses Rundfester zeigt eine Pietà: Maria blickt mit schmerzerfülltem Gesicht auf den grausam geschundenen Leib Christi in ihrem Schoß. Maria Magdalena, in einem leuchtenden Gewand, bringt Spezereien für die Einbalsamierung. Vom Kreuz ist nur der untere Teil zu sehen. Alles ist auf die Personen und den Ausdruck der Trauer auf ihren Gesichtern konzentriert.

Matthäus

DIE BEWACHUNG DES GRABES

Am nächsten Tag, der auf den Rüsttag folgt, kamen die Hohenpriester mit den Pharisäern zu Pilatus und sprachen: Herr, wir haben daran gedacht, daß dieser Verführer sprach, als er noch lebte: Ich will nach drei Tagen auferstehen. Darum befiehl, daß man das Grab bewache bis zum dritten Tag, damit nicht seine Jünger kommen und ihn stehlen und zum Volk sagen: Er ist auferstanden von den Toten, und der letzte Betrug ärger wird als der erste.

Pilatus sprach zu ihnen: Da habt ihr die Wache; geht hin und bewacht es, so gut ihr könnt. Sie gingen hin und sicherten das Grab mit der Wache und versiegelten den Stein.

(Matthäus 27,62-66)

Die Grablegung
Fenster aus dem 12. Jahrhundert, Kirche in Rivenhall, Essex, England.

Ein Medaillon, das in seiner Schlichtheit die ganze Trauer dieses Endes zum Ausdruck bringt. Der Leichnam Christi, eingehüllt in ein langes Grabtuch, wird in den Sarkophag gelegt. Die Grabkammer wird erhellt von einer Öllampe, deren Flamme unverhältnismäßig groß ist.

Markus

DAS LEERE GRAB

Als der Sabbat vergangen war, kauften Maria von Magdala und Maria, die Mutter des Jakobus, und Salome wohlriechende Öle, um hinzugehen und ihn zu salben. Und sie kamen zum Grab am ersten Tag der Woche, sehr früh, als die Sonne aufging. Und sie sprachen untereinander: Wer wälzt uns den Stein von des Grabes Tür? Und sie sahen hin und wurden gewahr, daß der Stein weggewälzt war; denn er war sehr groß.

Und sie gingen hinein in das Grab und sahen einen Jüngling zur rechten Hand sitzen, der hatte ein langes weißes Gewand an, und sie entsetzten sich. Er aber sprach zu ihnen: Entsetzt euch nicht! Ihr sucht Jesus von Nazareth, den Gekreuzigten. Er ist auferstanden, er ist nicht hier. Siehe da die Stätte, wo sie ihn hinlegten. Geht aber hin und sagt seinen Jüngern und Petrus, daß er vor euch hingehen wird nach Galiläa; dort werdet ihr ihn sehen, wie er euch gesagt hat.

Und sie gingen hinaus und flohen von dem Grab; denn Zittern und Entsetzen hatte sie ergriffen. Und sie sagten niemandem etwas; denn sie fürchteten sich.

(Markus 16,1-8)

Die drei Frauen auf dem Weg zum Grab ▷
Teil des Passionsfensters aus dem 15. Jahrhundert, Kirche La Madeleine, Troyes, Frankreich.

Die drei Frauen gehen zu Jesu Grab. Sie tragen Gefäße mit Spezereien. Drei Soldaten – in der Art von Strichmännchen – sind im Hintergrund zu erkennen. Der Baum mit den Früchten weist als »Lebensbaum« auf die Überwindung des Todes hin.

Die Auferstehung
Fenster aus dem 14. Jahrhundert, Klosterkirche, Königsfelden, Schweiz.

Drei Scheiben mit je eigener Szenendarstellung vor einem Hintergrund aus blauem Rautenmuster, wie es für diese Zeit charakteristisch ist. Die schlafenden Wächter (vgl. Bibeltext Seite 129) tragen ihren vollständigen Kettenpanzer. Der Mond rechts oben und unten auf dem Schild die Sonne, die gerade erst »aufwacht«, deuten auf die Tageszeit.

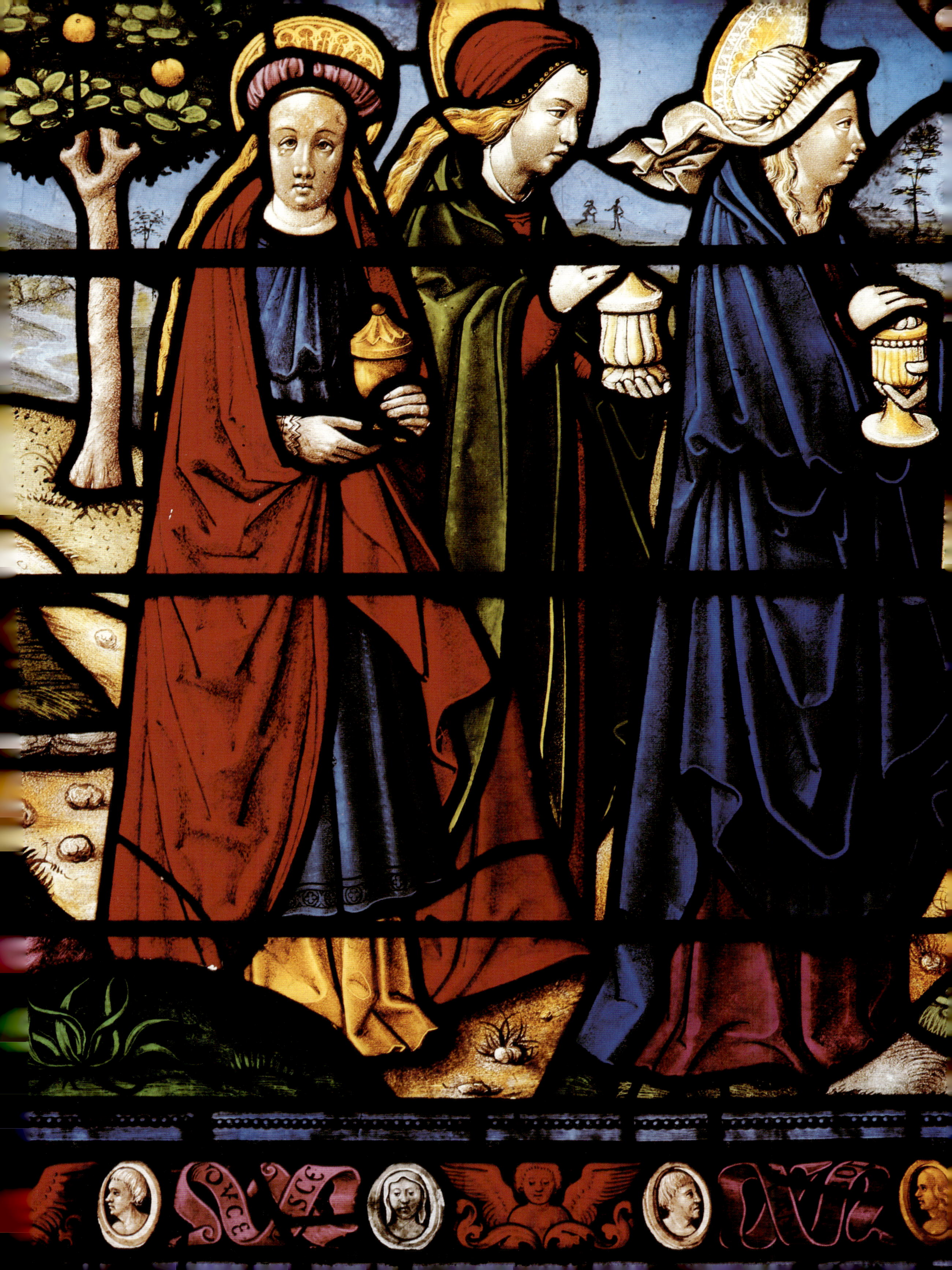

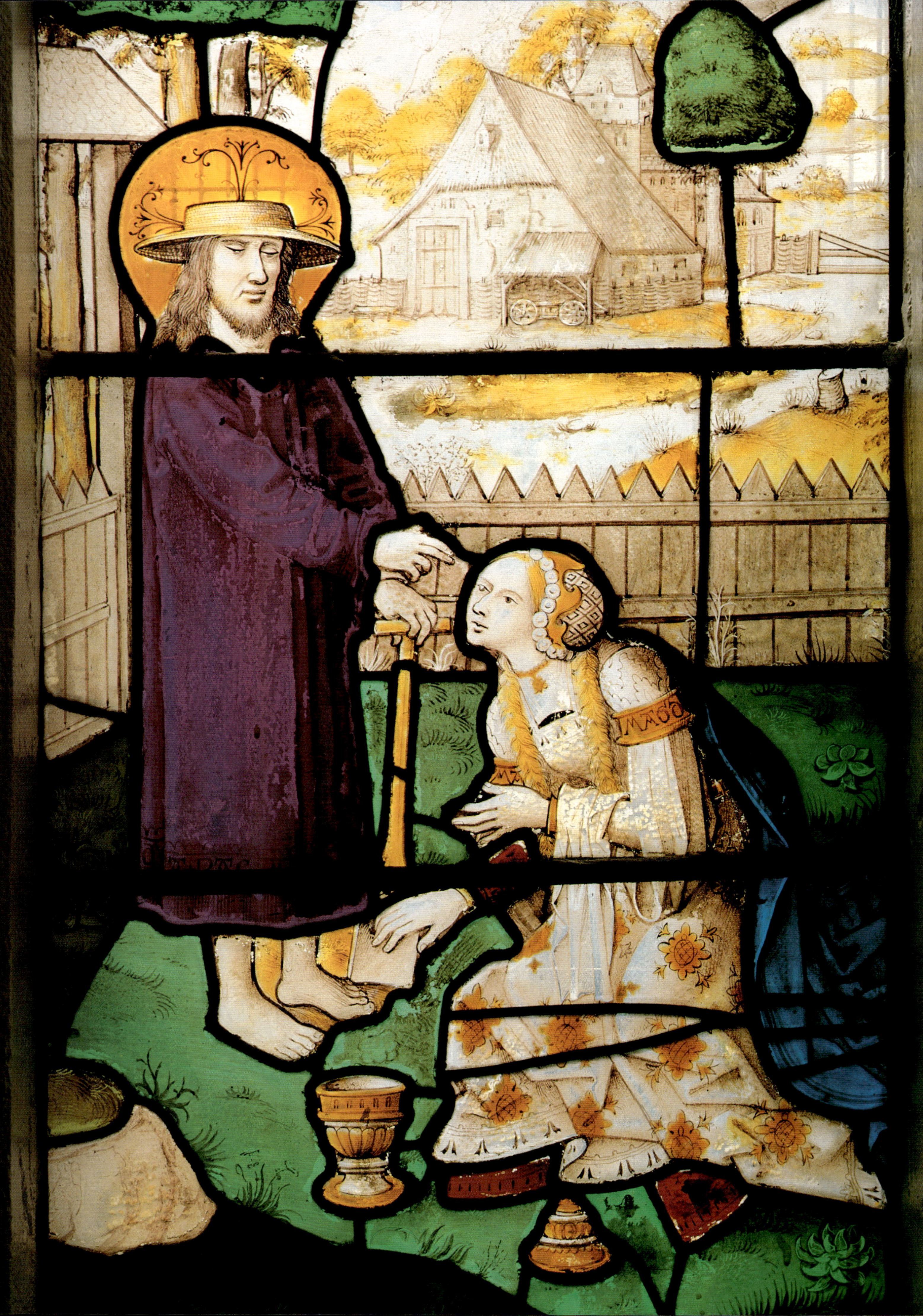

Maria Magdalena begegnet Jesus im Garten
Flämische Scheibe aus dem 16. Jahrhundert, jetzt in der Kirche in Llanwenllwyfo, Anglesey, Nordwales.

Maria Magdalena trägt die elegante Kleidung einer Dame aus dem 16. Jahrhundert, ihr Haar geschmückt mit einem Netz, ihr Name gestickt auf Ärmelmanschetten. Jesus in der Gestalt des Gärtners trägt einen bäuerlichen Strohhut und ist barfüßig. Das Bauernhaus mit überdachtem Abstellplatz für den Ackerwagen könnte zu einem zeitgenössischen flämischen Dorf gehören.

Der ungläubige Thomas ▷
Fenster aus dem 16. Jahrhundert, Kirche St. Mary, Fairford, Gloucestershire, England.

Die Scheibe hat schon stark unter der Umweltverschmutzung gelitten. Die wie Narben aussehenden Flecken auf Christi Gesicht und Händen wurden durch den sauren Regen verursacht. Auch das rote Gewand, das Thomas trägt, ist an den Ärmeln beschädigt. Oben links und unten rechts wurden ältere Sprünge durch zusätzliche Bleiruten ausgebessert. Glücklicherweise sind die Finger des Thomas, die allein seinen Zweifel aufheben können, unbeschädigt geblieben. (Der hier nicht abgedruckte Bibeltext findet sich in Johannes 20,24-29.)

MARIA MAGDALENA BEGEGNET DEM AUFERSTANDENEN

Maria aber stand draußen vor dem Grab und weinte. Als sie nun weinte, schaute sie in das Grab und sieht zwei Engel in weißen Gewändern sitzen, einen zu Häupten und den andern zu den Füßen, wo sie den Leichnam Jesu hingelegt hatten. Und die sprachen zu ihr: Frau, was weinst du? Sie spricht zu ihnen: Sie haben meinen Herrn weggenommen, und ich weiß nicht, wo sie ihn hingelegt haben. Und als sie das sagte, wandte sie sich um und sieht Jesus stehen und weiß nicht, daß es Jesus ist. Spricht Jesus zu ihr: Frau, was weinst du? Wen suchst du? Sie meint, es sei der Gärtner, und spricht zu ihm: Herr, hast du ihn weggetragen, so sage mir, wo du ihn hingelegt hast; dann will ich ihn holen. Spricht Jesus zu ihr: Maria! Da wandte sie sich um und spricht zu ihm auf hebräisch: Rabbuni!, das heißt: Meister! Spricht Jesus zu ihr: Rühre mich nicht an!

(Johannes 20,11-17)

Der Weg nach Emmaus
Schweizer Scheibe aus dem 17. Jahrhundert, jetzt Hessisches Landesmuseum, Darmstadt.

Dieses Fenster hat aufgetragene Schmelzfarben. Eine Vielzahl grüner und blauer Bäume befindet sich in einer Gebirgslandschaft. Die beiden Wanderer tragen breitkrempige Hüte, Lederstiefel und Jacken über ihren kurzen Beinkleidern. Der Fremde trägt ein blaues Gewand.

DIE BEIDEN JÜNGER AUF DEM WEG NACH EMMAUS

Und siehe, zwei von ihnen gingen an demselben Tage in ein Dorf, das war von Jerusalem etwa zwei Wegstunden entfernt; dessen Name ist Emmaus. Und sie redeten miteinander von allen diesen Geschichten. Und es geschah, als sie so redeten und sich miteinander besprachen, da nahte sich Jesus selbst und ging mit ihnen. Aber ihre Augen wurden gehalten, daß sie ihn nicht erkannten.

Er sprach aber zu ihnen: Was sind das für Dinge, die ihr miteinander verhandelt unterwegs? Da blieben sie traurig stehen. Und der eine, mit Namen Kleopas, antwortete und sprach zu ihm: Bist du der einzige unter den Fremden in Jerusalem, der nicht weiß, was in diesen Tagen dort geschehen ist? Und er sprach zu ihnen: Was denn? Sie aber sprachen zu ihm: Das mit Jesus von Nazareth, der ein Prophet war, mächtig in Taten und Worten vor Gott und allem Volk; wie ihn unsre Hohenpriester und Oberen zur Todesstrafe überantwortet und gekreuzigt haben. Wir aber hofften, er sei es, der Israel erlösen werde. Und über das alles ist heute der dritte Tag, daß dies geschehen ist. Auch haben uns erschreckt einige Frauen aus unserer Mitte, die sind früh bei dem Grab gewesen, haben seinen Leib nicht gefunden, kommen und sagen, sie haben eine Erscheinung von Engeln gesehen, die sagen, er lebe. Und einige von uns gingen hin zum Grab und fanden's so, wie die Frauen sagten; aber ihn sahen sie nicht.

Und er sprach zu ihnen: O ihr Toren, zu trägen Herzens, all dem zu glauben, was die Propheten geredet haben! Mußte nicht Christus dies erleiden und in seine Herrlichkeit eingehen? Und er fing an bei Mose und allen Propheten und legte ihnen aus, was in der ganzen Schrift von ihm gesagt war. Und sie kamen nahe an das Dorf, wo sie

Lukas

hingingen. Und er stellte sich, als wollte er weitergehen. Und sie nötigten ihn und sprachen: Bleibe bei uns; denn es will Abend werden, und der Tag hat sich geneigt. Und er ging hinein, bei ihnen zu bleiben.

Und es geschah, als er mit ihnen zu Tisch saß, nahm er das Brot, dankte, brach's und gab's ihnen. Da wurden ihre Augen geöffnet, und sie erkannten ihn. Und er verschwand vor ihnen. Und sie sprachen untereinander: Brannte nicht unser Herz in uns, als er mit uns redete auf dem Wege und uns die Schrift öffnete? Und sie standen auf zu derselben Stunde, kehrten zurück nach Jerusalem und fanden die Elf versammelt und die bei ihnen waren; die sprachen: Der Herr ist wahrhaftig auferstanden und Simon erschienen. Und sie erzählten ihnen, was auf dem Wege geschehen war und wie er von ihnen erkannt wurde, als er das Brot brach.

(Lukas 24,13-35)

Das Abendmahl in Emmaus
Scheibe eines Fensters aus dem 16. Jahrhundert, Kirche St. Pierre, Dreux, Frankreich.

Dargestellt ist der Moment, in dem die Jünger Jesus erkennen. Die Trauer ist noch nicht ganz aus den Gesichtern gewichen. Alle drei haben ihre Wanderstäbe bei sich; der rechte Jünger trägt die Pilgermuschel (Jakobsmuschel) am Hut.

135

Johannes

DER AUFERSTANDENE ERSCHEINT DEN JÜNGERN AM SEE

Danach offenbarte sich Jesus abermals den Jüngern am See Tiberias. Er offenbarte sich aber so:
Es waren beieinander Simon Petrus und Thomas, der Zwilling genannt wird, und Nathanael aus Kana in Galiläa und die Söhne des Zebedäus und zwei andere seiner Jünger. Spricht Simon Petrus zu ihnen: Ich will fischen gehen. Sie sprechen zu ihm: So wollen wir mit dir gehen. Sie gingen hinaus und stiegen in das Boot, und in dieser Nacht fingen sie nichts.
Als es aber schon Morgen war, stand Jesus am Ufer, aber die Jünger wußten nicht, daß es Jesus war. Spricht Jesus zu ihnen: Kinder, habt ihr nichts zu essen? Sie antworteten ihm: Nein. Er aber sprach zu ihnen: Werft das Netz aus zur Rechten des Bootes, so werdet ihr finden. Da warfen sie es aus und konnten's nicht mehr ziehen wegen der Menge der Fische.
Da spricht der Jünger, den Jesus liebhatte, zu Petrus: Es ist der Herr! Als Simon Petrus hörte, daß es der Herr war, gürtete er sich das Obergewand um, denn er war nackt, und warf sich ins Wasser. Die andern Jünger aber kamen mit dem Boot, denn sie waren nicht fern vom Land, nur etwa zweihundert Ellen, und zogen das Netz mit den Fischen.

Der wunderbare Fischzug
Sechspaßfenster aus dem 19. Jahrhundert von William Wailes (1809–1881), Bradfield College, Berkshire, England.

Der Künstler hat es verstanden, die entscheidenden Züge der Geschichte auf dieser ungewöhnlichen Fläche unterzubringen. Rechts oben Petrus und Johannes im Gespräch, darunter das Kohlenfeuer.

Johannes

Als sie nun ans Land stiegen, sahen sie ein Kohlenfeuer und Fische darauf und Brot. Spricht Jesus zu ihnen: Bringt von den Fischen, die ihr jetzt gefangen habt! Simon Petrus stieg hinein und zog das Netz an Land, voll großer Fische, hundertdreiundfünfzig. Und obwohl es so viele waren, zerriß doch das Netz nicht.

Spricht Jesus zu ihnen: Kommt und haltet das Mahl! Niemand aber unter den Jüngern wagte, ihn zu fragen: Wer bist du? Denn sie wußten, daß es der Herr war. Da kommt Jesus und nimmt das Brot und gibt's ihnen, desgleichen auch die Fische. Das ist nun das dritte Mal, daß Jesus den Jüngern offenbart wurde, nachdem er von den Toten auferstanden war.

(Johannes 21,1-14)

Der wunderbare Fischzug
Drei Scheiben eines Fensters aus dem 20. Jahrhundert, Kirche St. George, Georgeham, North Devon, England.

Die drei Scheiben zeigen eine zusammenhängende Szene. Petrus kniet vor Jesus in einem goldenen Gewand. Obgleich die Personen altertümliche Gewänder tragen, bringt das Bild modernes Empfinden zum Ausdruck.

Johannes

Christus beauftragt Petrus
Scheibe von Gabriel Loire, Kirche in Coignières bei Versailles, Frankreich; 1975.

Zwei große Schlüssel geben das Thema dieses Fensters an: die Einsetzung des Petrus in sein Hirtenamt. Rechts im Hintergrund, nur angedeutet, der Petersdom. Christus sieht Petrus an. Dieser hat seinen Kopf gesenkt. Drückt ihn die Schmach der Verleugnung seines Herrn? Von der Übergabe der »Schlüssel des Himmelreichs« spricht nicht der abgedruckte Text aus Johannes 21, sondern der Bericht über das Petrusbekenntnis in Matthäus 16,18-19.

DER AUFTRAG DES AUFERSTANDENEN AN PETRUS

Als sie nun das Mahl gehalten hatten, spricht Jesus zu Simon Petrus: Simon, Sohn des Johannes, hast du mich lieber, als mich diese haben? Er spricht zu ihm: Ja, Herr, du weißt, daß ich dich liebhabe. Spricht Jesus zu ihm: Weide meine Lämmer!

Spricht er zum zweiten Mal zu ihm: Simon, Sohn des Johannes, hast du mich lieb? Er spricht zu ihm: Ja, Herr, du weißt, daß ich dich liebhabe. Spricht Jesus zu ihm: Weide meine Schafe!

Spricht er zum dritten Mal zu ihm: Simon, Sohn des Johannes, hast du mich lieb? Petrus wurde traurig, weil er zum dritten Mal zu ihm sagte: Hast du mich lieb?, und sprach zu ihm: Herr, du weißt alle Dinge, du weißt, daß ich dich liebhabe. Spricht Jesus zu ihm: Weide meine Schafe! Wahrlich, wahrlich, ich sage dir: Als du jünger warst, gürtetest du dich selbst und gingst, wo du hin wolltest; wenn du aber alt wirst, wirst du deine Hände ausstrecken, und ein anderer wird dich gürten und führen, wo du nicht hin willst.

Das sagte er aber, um anzuzeigen, mit welchem Tod er Gott preisen würde. Und als er das gesagt hatte, spricht er zu ihm: Folge mir nach!

Petrus aber wandte sich um und sah den Jünger folgen, den Jesus liebhatte, der auch beim Abendessen an seiner Brust gelegen und gesagt hatte: Herr, wer ist's, der dich verrät? Als Petrus diesen sah, spricht er zu Jesus: Herr, was wird aber mit diesem? Jesus spricht zu ihm: Wenn ich will, daß er bleibt, bis ich komme, was geht es dich an? Folge du mir nach! Da kam unter den Brüdern die Rede auf: Dieser Jünger stirbt nicht. Aber Jesus hatte nicht zu ihm gesagt: Er stirbt nicht, sondern: Wenn ich will, daß er bleibt, bis ich komme, was geht es dich an?

Dies ist der Jünger, der dies alles bezeugt und aufgeschrieben hat, und wir wissen, daß sein Zeugnis wahr ist. Es sind noch viele andere Dinge, die Jesus getan hat. Wenn aber eins nach dem andern aufgeschrieben werden sollte, so würde, meine ich, die Welt die Bücher nicht fassen, die zu schreiben wären.

(Johannes 21,15-25)

Christus beauftragt Petrus
Fenster aus dem 19. Jahrhundert nach einer Zeichnung Raffaels, Südschiff, Kirche St. Chad, Prees, Shropshire, England.

Der Finger Christi zeigt auf die Schlüssel, die Petrus vor seinem Herzen hält. Das Fenster trägt die Unterschrift: »Weide meine Schafe.« Die Schafe stehen für die christliche Gemeinde.

Apostelgeschichte

Die Himmelfahrt
Scheibe aus dem Tulenhaupt-Fenster des 14. Jahrhunderts, südliches Seitenschiff, Münster, Freiburg i. Br.

Eine strenge, eindrückliche Bildkomposition. Christus macht das Segenszeichen; die grüne Scheibe ist die Welt, die Christus verläßt; die Engel tragen den Thronenden in die Höhe.

JESUS WIRD IN DEN HIMMEL AUFGENOMMEN

Den ersten Bericht habe ich gegeben, lieber Theophilus, von all dem, was Jesus von Anfang an tat und lehrte bis zu dem Tag, an dem er aufgenommen wurde, nachdem er den Aposteln, die er erwählt hatte, durch den heiligen Geist Weisung gegeben hatte. Ihnen zeigte er sich nach seinem Leiden durch viele Beweise als der Lebendige und ließ sich sehen unter ihnen vierzig Tage lang und redete mit ihnen vom Reich Gottes. Und als er mit ihnen zusammen war, befahl er ihnen, Jerusalem nicht zu verlassen, sondern zu warten auf die Verheißung des Vaters, die ihr, so sprach er, von mir gehört habt; denn Johannes hat mit Wasser getauft, ihr aber sollt mit dem heiligen Geist getauft werden nicht lange nach diesen Tagen.

Die nun zusammengekommen waren, fragten ihn und sprachen: Herr, wirst du in dieser Zeit wieder aufrichten das Reich für Israel? Er sprach aber zu ihnen: Es gebührt euch nicht, Zeit oder Stunde zu wissen, die der Vater in seiner Macht bestimmt hat; aber ihr werdet die Kraft des heiligen Geistes empfangen, der auf euch kommen wird, und werdet meine Zeugen sein in Jerusalem und in ganz Judäa und Samarien und bis an das Ende der Erde.

Und als er das gesagt hatte, wurde er zusehends aufgehoben, und eine Wolke nahm ihn auf vor ihren Augen weg. Und als sie ihm nachsahen, wie er gen Himmel fuhr, siehe, da standen bei ihnen zwei Männer in weißen Gewändern. Die sagten: Ihr Männer von Galiläa,

Apostelgeschichte

was steht ihr da und seht zum Himmel? Dieser Jesus, der von euch weg gen Himmel aufgenommen wurde, wird so wiederkommen, wie ihr ihn habt gen Himmel fahren sehen.

Da kehrten sie nach Jerusalem zurück von dem Berg, der heißt Ölberg und liegt nahe bei Jerusalem, einen Sabbatweg entfernt. Und als sie hineinkamen, stiegen sie hinauf in das Obergemach des Hauses, wo sie sich aufzuhalten pflegten: Petrus, Johannes, Jakobus und Andreas, Philippus und Thomas, Bartholomäus und Matthäus, Jakobus, der Sohn des Alphäus, und Simon der Zelot und Judas, der Sohn des Jakobus. Diese alle waren stets beieinander einmütig im Gebet samt den Frauen und Maria, der Mutter Jesu, und seinen Brüdern.

(Apostelgeschichte 1,1-14)

Die Himmelfahrt
Teil eines Fensters aus dem 12. Jahrhundert, Kathedrale, Le Mans, Frankreich.

Die Jünger blicken nach oben, wo der auffahrende Christus entschwunden ist. In der Mitte Maria. Einige Details sind unsachgemäß mit Glasbruchstücken anderer Herkunft ausgebessert; so haben z.B. menschliche Füße das Aussehen von Tierkrallen. Die leichte Dehnung der Körper weist in das 12. Jahrhundert als Entstehungszeit.

141

Apostelgeschichte

DAS PFINGSTFEST

Als der Pfingsttag gekommen war, waren sie alle an *einem* Ort beieinander. Und es geschah plötzlich ein Brausen vom Himmel wie von einem gewaltigen Wind und erfüllte das ganze Haus, in dem sie saßen. Und es erschienen ihnen Zungen zerteilt, wie von Feuer; und er setzte sich auf einen jeden von ihnen, und sie wurden alle erfüllt von dem heiligen Geist und fingen an, zu predigen in andern Sprachen, wie der Geist ihnen gab auszusprechen. Es wohnten aber in Jerusalem Juden, die waren gottesfürchtige Männer aus allen Völkern unter dem Himmel. Als nun dieses Brausen geschah, kam die Menge zusammen und wurde bestürzt; denn ein jeder hörte sie in seiner eigenen Sprache reden. Sie entsetzten sich aber, verwunderten sich und sprachen: Siehe, sind nicht diese alle, die da reden, aus Galiläa? Wie hören wir denn jeder seine eigene Muttersprache? Parther und Meder und Elamiter und die wir wohnen in Mesopotamien und Judäa, Kappadozien, Pontus und der Provinz Asien, Phrygien und Pamphylien, Ägypten und der Gegend von Kyrene in Libyen und Einwanderer aus Rom, Juden und Judengenossen, Kreter und Araber: wir hören sie in unsern Sprachen von den großen Taten Gottes reden. Sie entsetzten sich aber alle und wurden ratlos und sprachen einer zu dem andern: Was will das werden? Andere aber hatten ihren Spott und sprachen: Sie sind voll von süßem Wein.

Da trat Petrus auf mit den Elf, erhob seine Stimme und redete zu ihnen: Ihr Juden, liebe Männer und alle, die ihr in Jerusalem wohnt, das sei euch kundgetan, und laßt meine Worte zu euren Ohren eingehen! Denn diese sind nicht betrunken, wie ihr meint, ist es doch erst die dritte Stunde am Tage; sondern das ist's, was durch den Propheten Joel gesagt worden ist: »Und es soll geschehen in den letzten Tagen, spricht Gott, da will ich ausgießen von meinem Geist auf alles Fleisch; und eure Söhne und eure Töchter sollen weissagen, und eure Jünglinge sollen Gesichte sehen, und eure Alten sollen Träume haben; und auf meine Knechte und auf meine Mägde will ich in jenen Tagen von meinem Geist ausgießen, und sie sollen weissagen. Und es soll geschehen: wer den Namen des Herrn anrufen wird, der soll gerettet werden.«

Ihr Männer von Israel, hört diese Worte: Jesus von Nazareth, von Gott unter euch ausgewiesen durch Taten und Wunder und Zeichen, die Gott durch ihn in eurer Mitte getan hat, wie ihr selbst wißt — diesen Mann, der durch Gottes Ratschluß und Vorsehung dahingegeben war, habt ihr durch die Hand der Heiden ans Kreuz geschlagen und umgebracht. Den hat Gott auferweckt und hat aufgelöst die Schmerzen des Todes, wie es denn unmöglich war, daß er vom Tode festgehalten werden konnte. Da er nun durch die rechte Hand Gottes erhöht ist und empfangen hat den verheißenen heiligen Geist vom Vater, hat er diesen ausgegossen, wie ihr hier seht und hört. So wisse nun das ganze Haus Israel gewiß, daß Gott diesen Jesus, den ihr gekreuzigt habt, zum Herrn und Christus gemacht hat.

(Apostelgeschichte 2,1-36; gekürzt)

Das Pfingstwunder ▷
Fenster in der Kapelle der Kirche St. Johann, Gouda, Niederlande; 1556.

Die Feuerzungen auf den Köpfen der Apostel sehen hier wie kleine Federn aus. Der heilige Geist, von dem sie kommen, ist als Taube dargestellt.

Das Pfingstwunder
Scheibe aus dem 15. Jahrhundert von Hans Acker, Besserer-Kapelle, Münster, Ulm.

In dem lockigen Haar der Apostel sind die Feuerzungen schwer zu erkennen, deutlicher in Marias Heiligenschein. Feuerzungen gehen auch von dem Evangelienbuch aus — ein Symbol für seine vom Geist inspirierte Botschaft.

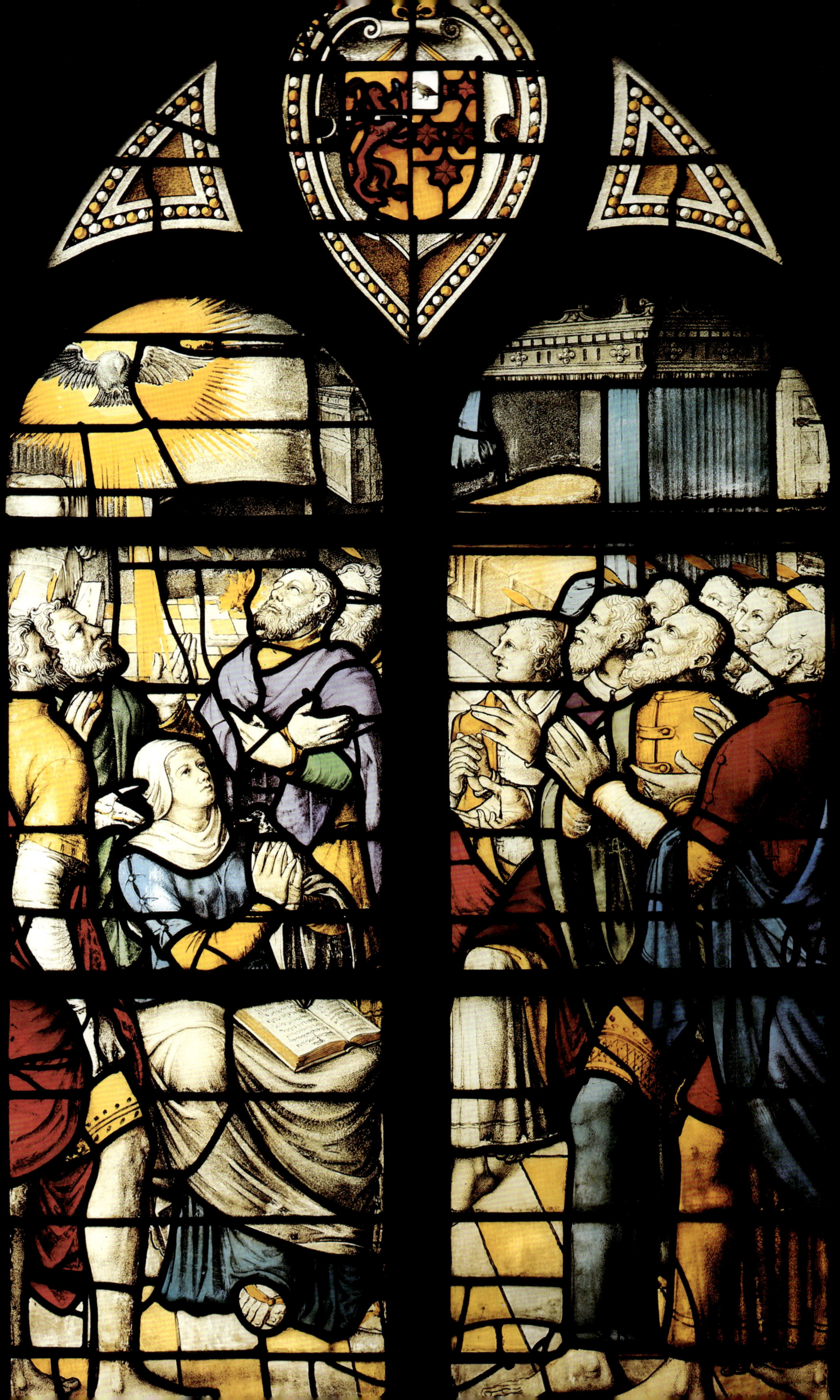

Apostelgeschichte

PETRUS HEILT EINEN GELÄHMTEN

Petrus und Johannes gingen hinauf in den Tempel um die neunte Stunde, zur Gebetszeit. Und es wurde ein Mann herbeigetragen, lahm von Mutterleibe; den setzte man täglich vor die Tür des Tempels, die da heißt die Schöne, damit er um Almosen bettelte bei denen, die in den Tempel gingen. Als er nun Petrus und Johannes sah, wie sie in den Tempel hineingehen wollten, bat er um ein Almosen. Petrus aber blickte ihn an mit Johannes und sprach: Sieh uns an! Und er sah sie an und wartete darauf, daß er etwas von ihnen empfinge. Petrus aber sprach: Silber und Gold habe ich nicht; was ich aber habe, das gebe ich dir: Im Namen Jesu Christi von Nazareth steh auf und geh umher! Und er ergriff ihn bei der rechten Hand und richtete ihn auf. Sogleich wurden seine Füße und Knöchel fest, er sprang auf, konnte gehen und stehen und ging mit ihnen in den Tempel, lief und sprang umher und lobte Gott. Und es sah ihn alles Volk umhergehen und Gott loben. Sie erkannten ihn auch, daß er es war, der vor der Schönen Tür des Tempels gesessen und um Almosen gebettelt hatte; und Verwunderung und Entsetzen erfüllte sie über das, was ihm widerfahren war. Als er sich aber zu Petrus und Johannes hielt, lief alles Volk zu ihnen in die Halle, die da heißt Salomos, und sie wunderten sich sehr.

Als Petrus das sah, sprach er zu dem Volk: Ihr Männer von Israel, was wundert ihr euch darüber, oder was seht ihr auf uns, als hätten wir durch eigene Kraft oder Frömmigkeit bewirkt, daß dieser gehen kann? Der Gott Abrahams und Isaaks und Jakobs, der Gott unsrer Väter, hat seinen Knecht Jesus verherrlicht, den ihr überantwortet und verleugnet habt vor Pilatus, als der ihn loslassen wollte. Ihr aber habt den Heiligen und Gerechten verleugnet und darum gebeten, daß man euch den Mörder schenke; aber den Fürsten des Lebens habt ihr getötet. Den hat Gott auferweckt von den Toten; dessen sind wir Zeugen. Und durch den Glauben an seinen Namen hat sein Name diesen, den ihr seht und kennt, stark gemacht; und der Glaube, der durch ihn gewirkt ist, hat diesem die Gesundheit gegeben vor euer aller Augen.

Nun, liebe Brüder, ich weiß, daß ihr's aus Unwissenheit getan habt wie auch eure Oberen. Gott aber hat erfüllt, was er durch den Mund aller seiner Propheten zuvor verkündigt hat: daß sein Christus leiden sollte. So tut nun Buße und bekehrt euch, daß eure Sünden getilgt werden, damit die Zeit der Erquickung komme von dem Angesicht des Herrn und er den sende, der euch zuvor zum Christus bestimmt ist: Jesus. Ihn muß der Himmel aufnehmen bis zu der Zeit, in der alles wiedergebracht wird, wovon Gott geredet hat durch den Mund seiner heiligen Propheten von Anbeginn. Ihr seid die Söhne der Propheten und des Bundes, den Gott geschlossen hat mit euren Vätern, als er zu Abraham sprach: »Durch dein Geschlecht sollen gesegnet werden alle Völker auf Erden.« Für euch zuerst hat Gott seinen Knecht Jesus erweckt und hat ihn zu euch gesandt, euch zu segnen, daß ein jeder sich bekehre von seiner Bosheit.

(Apostelgeschichte 3,1-26; gekürzt)

Petrus heilt einen Gelähmten
Fenster von Joshua Price, Kirche von Great Witley, Worcestershire, England; 1719.

Es ist selten, daß ein Fenster den Namen des Künstlers und eine Datierung aufweist. Der Bettler sitzt auf einem niedrigen Wagen mit hölzernen Rädern und einem mit Lappen umwickelten Handgriff. Petrus wird durch einen Schlüssel gekennzeichnet. Die große, weiße Rose, die sich oben an einer Säule befindet, ist das Zeichen der Glasmaler von Lancashire.

Price 1719

Apostelgeschichte

PETRUS WIRD AUS DEM GEFÄNGNIS BEFREIT

Petrus wurde im Gefängnis festgehalten; aber die Gemeinde betete ohne Aufhören für ihn zu Gott. Und in jener Nacht, als ihn Herodes vorführen lassen wollte, schlief Petrus zwischen zwei Soldaten, mit zwei Ketten gefesselt, und die Wachen vor der Tür bewachten das Gefängnis. Und siehe, der Engel des Herrn kam herein, und Licht leuchtete auf in dem Raum; und er stieß Petrus in die Seite und weckte ihn und sprach: Steh schnell auf! Und die Ketten fielen ihm von seinen Händen. Und der Engel sprach zu ihm: Gürte dich und zieh deine Schuhe an! Und er tat es. Und er sprach zu ihm: Wirf deinen Mantel um und folge mir! Und er ging hinaus und folgte ihm.

(Apostelgeschichte 12,5-9)

Petrus wird aus dem Gefängnis befreit
Scheibe aus einem Fenster des 19. Jahrhunderts, Kathedrale, Lincoln, England.

Die Scheibe ist klar und scharf gezeichnet und brillant koloriert. Die beiden Wächter nehmen den Engel nicht wahr.

Die Bekehrung des Paulus (Saulus) ▷
Teil eines Fensters aus dem 19. Jahrhundert, Kathedrale, Lincoln, England.

Paulus trägt schon einen Heiligenschein, obgleich das Fenster erst seine Bekehrung zeigt. Die Scheibe wurde wegen ihrer kräftigen, dunklen Farben ausgewählt.

Apostelgeschichte

Paulus entkommt aus Damaskus
Fenster des Kapitelsaals aus dem 14. Jahrhundert, Münster, York, England.

In einem Korb wird Paulus an der Stadtmauer von Damaskus heruntergelassen. Um seine Bedeutung hervorzuheben, hat der Künstler seinen schon kahl werdenden Kopf größer dargestellt als den der Soldaten hinter der Mauer (rechts). In einem so kleinteiligen Fenster mit schwerem Bleinetz ist es auf den ersten Blick schwierig, die Szene zu erkennen. Sie findet sich in der Bibel zweimal bezeugt: in Apostelgeschichte 9,24-25 und von Paulus selbst in 2. Korinther 11,32-33.

DER VERFOLGER SAULUS (PAULUS) WIRD BEKEHRT

Saulus schnaubte mit Drohen und Morden gegen die Jünger des Herrn und ging zum Hohenpriester und bat ihn um Briefe nach Damaskus an die Synagogen, damit er Anhänger des neuen Weges, Männer und Frauen, wenn er sie dort fände, gefesselt nach Jerusalem führe. Als er aber auf dem Wege war und in die Nähe von Damaskus kam, umleuchtete ihn plötzlich ein Licht vom Himmel; und er fiel auf die Erde und hörte eine Stimme, die sprach zu ihm: Saul, Saul, was verfolgst du mich? Er aber sprach: Herr, wer bist du? Der sprach: Ich bin Jesus, den du verfolgst. Steh auf und geh in die Stadt; da wird man dir sagen, was du tun sollst.

Die Männer aber, die seine Gefährten waren, standen sprachlos da; denn sie hörten zwar die Stimme, aber sahen niemanden. Saulus aber richtete sich auf von der Erde; und als er seine Augen aufschlug, sah er nichts. Sie nahmen ihn bei der Hand und führten ihn nach Damaskus; und er konnte drei Tage nicht sehen und aß nicht und trank nicht.

(Apostelgeschichte 9,1-9)

Philipper

PAULUS DANKT FÜR DIE GABE DER GEMEINDE

Paulus und Timotheus, Knechte Christi Jesu, an alle Heiligen in Christus Jesus in Philippi samt den Bischöfen und Diakonen: (...)

Ich lasse euch aber wissen, liebe Brüder: Wie es um mich steht, das ist nur mehr zur Förderung des Evangeliums geraten. Denn daß ich meine Fesseln für Christus trage, das ist im ganzen Prätorium und bei allen andern offenbar geworden, und die meisten Brüder in dem Herrn haben durch meine Gefangenschaft Zuversicht gewonnen und sind um so kühner geworden, das Wort zu reden ohne Scheu. (...)

Ich bin aber hoch erfreut in dem Herrn, daß ihr wieder eifrig geworden seid, für mich zu sorgen; ihr wart zwar immer darauf bedacht, aber die Zeit hat's nicht zugelassen. Ich sage das nicht, weil ich Mangel leide; denn ich habe gelernt, mir genügen zu lassen, wie's mir auch geht. Ich kann niedrig sein und kann hoch sein; mir ist alles und jedes vertraut: beides, satt sein und hungern, beides, Überfluß haben und Mangel leiden; ich vermag alles durch den, der mich mächtig macht. Doch ihr habt wohl daran getan, daß ihr euch meiner Bedrängnis angenommen habt. Nicht, daß ich das Geschenk suche, sondern ich suche die Frucht, damit sie euch reichlich angerechnet wird. Ich habe aber alles erhalten und habe Überfluß. Ich habe in Fülle, nachdem ich durch Epaphroditus empfangen habe, was von euch gekommen ist: ein lieblicher Geruch, ein angenehmes Opfer, Gott gefällig. Mein Gott aber wird all eurem Mangel abhelfen nach seinem Reichtum in Herrlichkeit in Christus Jesus.

(Aus Philipper 1 und 4)

Der Apostel Paulus ▷
Teil des großen Westfensters aus dem 15. Jahrhundert, Kathedrale, Canterbury, Kent, England.

Der Apostel Paulus ist mit einem Buch abgebildet, eine Anspielung auf seine Briefe. In der rechten Hand hält er als sein Zeichen das Schwert (das »Schwert des Geistes« nach Epheser 6,17).

Paulus im Gefängnis
Flämische Scheibe aus dem 17. Jahrhundert, jetzt in St. Mary Magdalene, Mulbarton, Norfolk, England.

Ein seltener Fall, daß eine Szene aus einem Paulusbrief dargestellt wird: Im Brief an die Philipper schildert Paulus, daß er im Gefängnis den Besuch des Epaphroditus empfangen hat, der ihm Gaben der Gemeinde überbrachte. (Darauf weisen die Diener in den kleinen Rundfenstern hin, die Nahrungsmittel tragen.) Links der Mitabsender des Briefs, Timotheus, der jedoch wahrscheinlich nicht mit eingekerkert war.

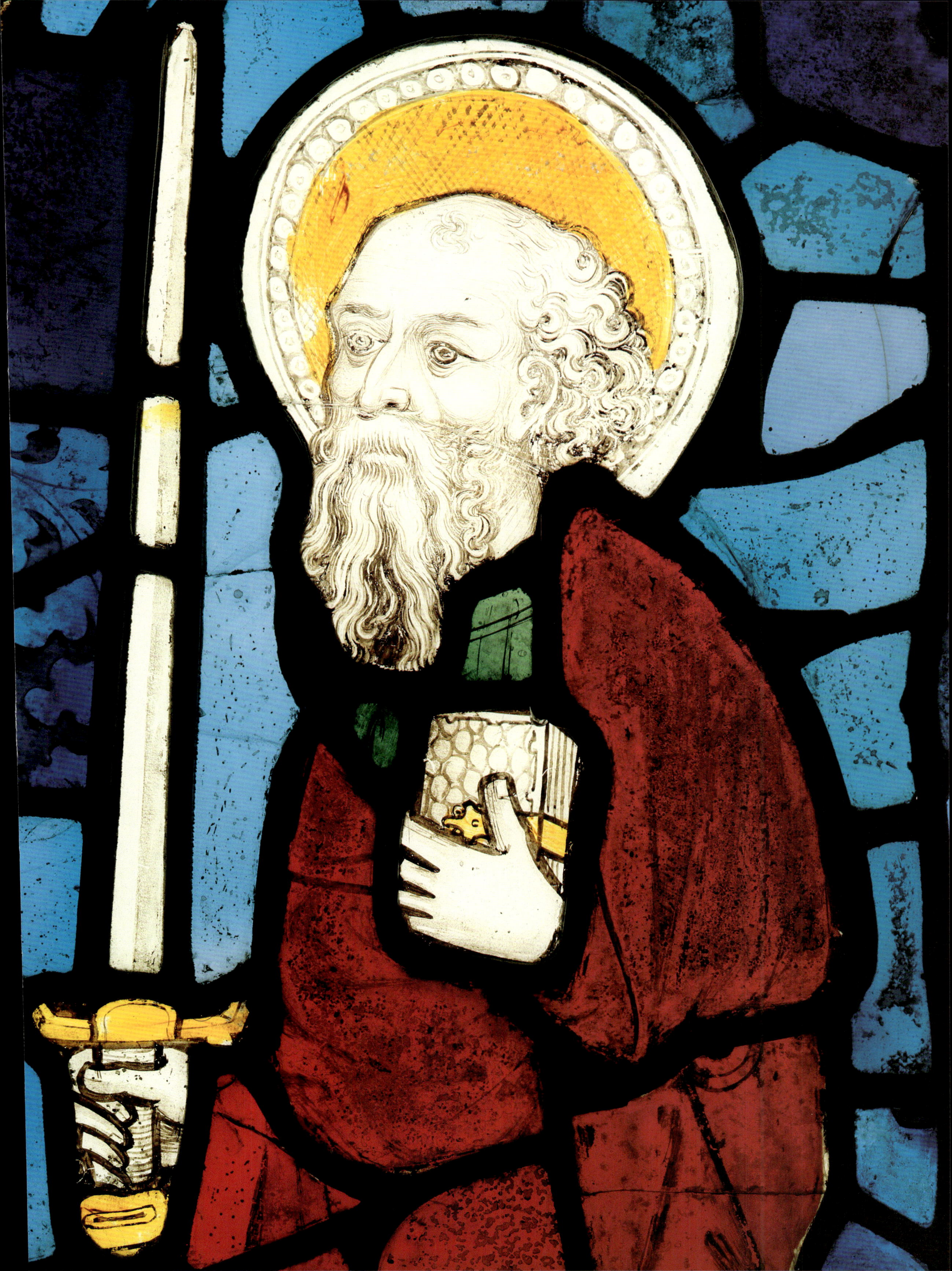

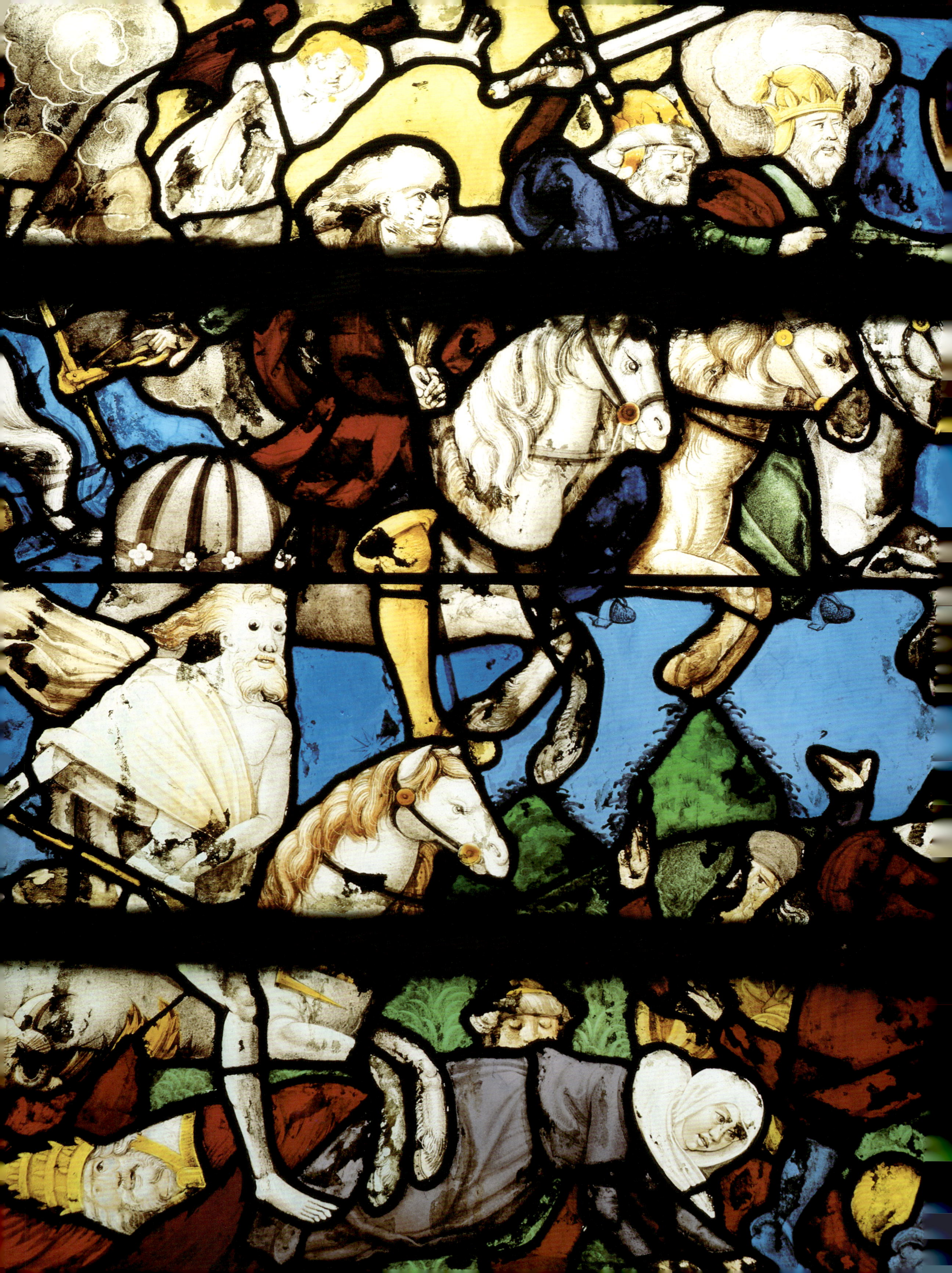

Offenbarung

Die vier apokalyptischen Reiter
Scheibe im Apokalypse-Fenster, Kirche in St. Florentin, Burgund, Frankreich; 1529.

Die »apokalyptischen Reiter« bringen Krieg, Teuerung und Tod. Die Menschen stürzen zu Boden. Einige versuchen vergeblich, das Unheil mit einem Handzeichen abzuwenden. Die zur Sicherung angebrachte eiserne Armierung verunstaltet das Fenster beträchtlich.

Der Höllenrachen ▷
Scheibe aus dem 13. Jahrhundert, Kathedrale, Bourges, Frankreich.

Der große Drache symbolisiert die Hölle. Teufel schleppen die Sünder herbei und stoßen sie in den Schlund des Tieres, aus dem Flammen züngeln.

DIE VIER APOKALYPTISCHEN REITER

Und ich sah, daß das Lamm das erste der sieben Siegel auftat, und ich hörte eine der vier Gestalten sagen wie mit einer Donnerstimme: Komm! Und ich sah, und siehe, ein weißes Pferd. Und der darauf saß, hatte einen Bogen, und ihm wurde eine Krone gegeben, und er zog aus sieghaft und um zu siegen. Und als es das zweite Siegel auftat, hörte ich die zweite Gestalt sagen: Komm! Und es kam heraus ein zweites Pferd, das war feuerrot. Und dem, der darauf saß, wurde Macht gegeben, den Frieden von der Erde zu nehmen, daß sie sich untereinander umbrächten, und ihm wurde ein großes Schwert gegeben. Und als es das dritte Siegel auftat, hörte ich die dritte Gestalt sagen: Komm! Und ich sah, und siehe, ein schwarzes Pferd. Und der darauf saß, hatte eine Waage in seiner Hand. Und ich hörte eine Stimme mitten unter den vier Gestalten sagen: Ein Maß Weizen für einen Silbergroschen und drei Maß Gerste für einen Silbergroschen; aber dem Öl und Wein tu keinen Schaden! Und als es das vierte Siegel auftat, hörte ich die Stimme der vierten Gestalt sagen: Komm! Und ich sah, und siehe, ein fahles Pferd. Und der darauf saß, dessen Name war: Der Tod, und die Hölle folgte ihm nach.

(Offenbarung 6,1-8)

Offenbarung

DIE NEUE SCHÖPFUNG — DAS NEUE JERUSALEM

Und ich sah einen neuen Himmel und eine neue Erde; denn der erste Himmel und die erste Erde sind vergangen, und das Meer ist nicht mehr. Und ich sah die heilige Stadt, das neue Jerusalem, von Gott aus dem Himmel herabkommen, bereitet wie eine geschmückte Braut für ihren Mann. Und ich hörte eine große Stimme von dem Thron her, die sprach: Siehe da, die Hütte Gottes bei den Menschen! Und er wird bei ihnen wohnen, und sie werden sein Volk sein, und er selbst, Gott mit ihnen, wird ihr Gott sein; und Gott wird abwischen alle Tränen von ihren Augen, und der Tod wird nicht mehr sein, noch Leid noch Geschrei noch Schmerz wird mehr sein; denn das Erste ist vergangen. Und der auf dem Thron saß, sprach: Siehe, ich mache alles neu! Ich will dem Durstigen geben von der Quelle des lebendigen Wassers umsonst. Wer überwindet, der wird es alles ererben, und ich werde sein Gott sein, und er wird mein Sohn sein. Die Feigen aber und Ungläubigen und Frevler und Mörder und Unzüchtigen und Zauberer und Götzendiener und alle Lügner, deren Teil wird in dem Pfuhl sein, der mit Feuer und Schwefel brennt; das ist der zweite Tod.

(Offenbarung 21,1-8)

Das Jüngste Gericht ▷
Obere Teile des Westfensters aus dem 16. Jahrhundert, Kirche in Fairford, Gloucestershire, England.

Der thronende Christus ist von Engeln, Aposteln, Propheten und Märtyrern umgeben. Sein Thron über den Wolken, die an Daniel 7,13 und Markus 14,62 erinnern, gleicht einem Regenbogen.

Das Jüngste Gericht
Ausschnitt aus dem rechts abgebildeten Fenster, Kirche in Fairford, Gloucestershire, England.

Auf den ersten Blick ein Durcheinander von wahllos eingesetzten roten Glasstücken. Bei näherer Betrachtung erkennt man mehrere Teufelsfratzen, in der Mitte den berühmten roten Teufel — von sich windenden Schlangen umgeben —, und oben links im aufgerissenen Rachen die vor Schreck erstarrten Gesichter und flehentlich bittenden Hände der Verdammten und die rotglühenden Folterinstrumente. Es war die Absicht des Künstlers, den Betrachtern die Schrecknisse der Verdammnis vor Augen zu führen.

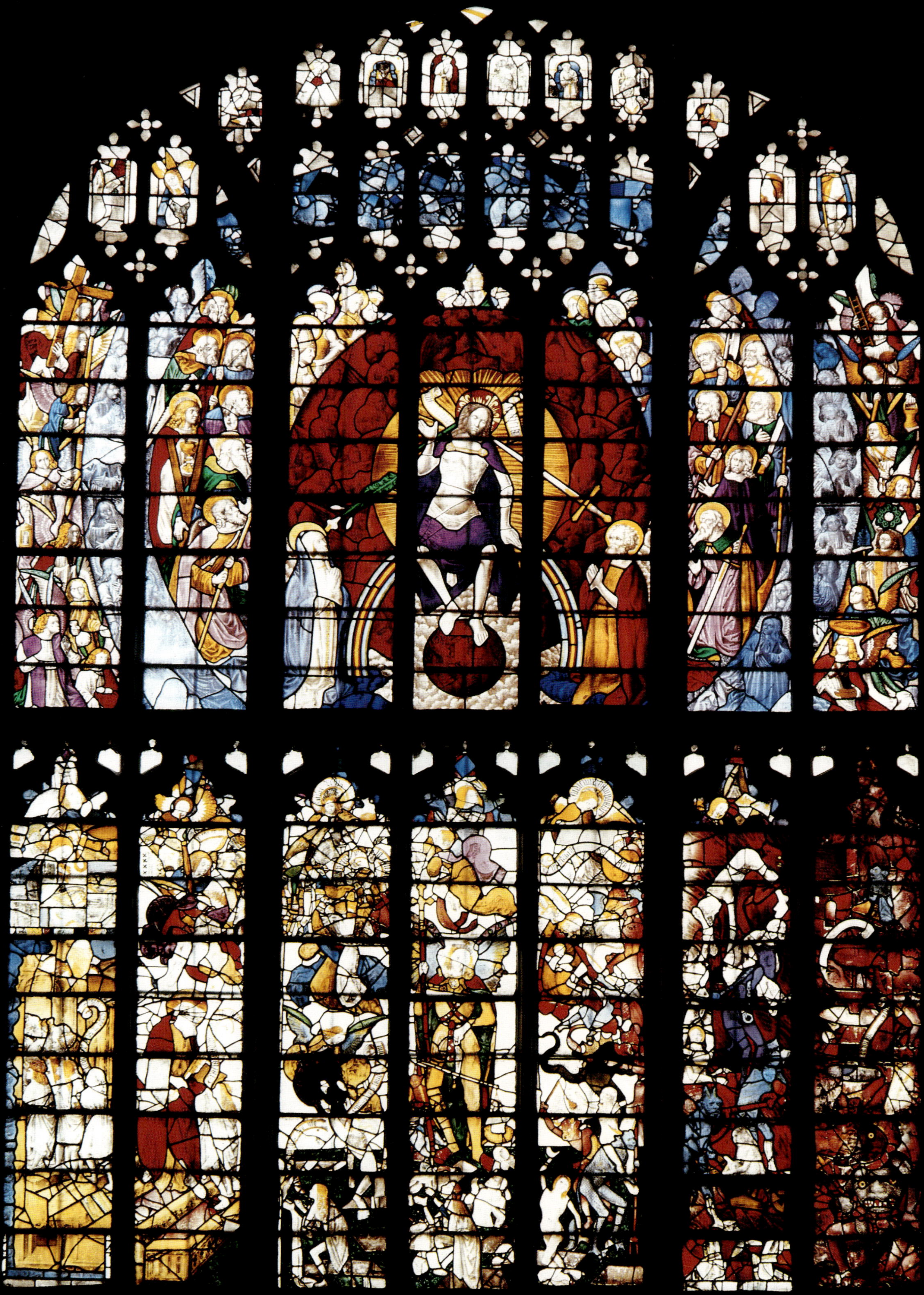

Die Kirchen

Es ist die Absicht dieses Bandes, einen repräsentativen Querschnitt der bedeutenden Glasfenster Westeuropas vorzustellen unter Berücksichtigung der unterschiedlichen Entstehungszeiten, Stile, Länder und Künstler. Dem aufmerksamen Betrachter wird es nicht entgehen, daß des öfteren Motive aus derselben Kirche aufgenommen wurden, z.B. aus Chartres in Frankreich, Canterbury in England und Ulm in Deutschland. Diese Bauwerke enthalten jeweils einzigartige Beispiele der mittelalterlichen Glasmalerei und rechtfertigen so ihre umfangreichere Darstellung. Zu einigen dieser bedeutenderen Bauwerke folgen hier Anmerkungen zur Baugeschichte und zur Glasmalerei.

Die Kathedrale von Chartres

Gäbe es eine Rangordnung unter den Kathedralen, müßte an erster Stelle die von Chartres genannt werden. Weltberühmt wegen der Schönheit des Raumes und der Steinmetzarbeiten, besitzt Chartres Glasfenster, die in ihrer Farbwirkung und Ausdruckskraft den Besucher in Bann schlagen. Das heutige Kirchengebäude entstand nach einem verheerenden Brand des Jahres 1194 und hat mehrere gesicherte Vorgängerkirchen. Die Weihe erfolgte 1260; die Gotik hatte mit diesem Bauwerk ihren Höhepunkt erreicht. Für die Entstehungszeit der Glasfenster wird 1215—1240 angenommen. Zu verglasen war eine Fläche von ca. 2000 m², ein ungeheures Ausmaß. Das Wunder von Chartres ist das ständig wechselnde Zusammenspiel von Licht und Farbe. Das Kircheninnere unterliegt feinen Schwankungen in den Farbwerten beim Einfall des Lichts durch die dunklen Farbscheiben. Selbst bei trübem Wetter bleibt dieser Effekt erhalten; bei strahlendem Sonnenschein jedoch gewinnt man den Eindruck, als ob die biblischen Gestalten zu leben anfingen.

Die Stifter

Die Herstellung einer solchen Vielzahl von Glasfenstern wäre ohne großzügige Spenden und Stiftungen nicht möglich gewesen. Dabei handelt es sich im allgemeinen um Gaben von Einzelpersonen; in Chartres jedoch sind viele Fenster von Zünften gestiftet worden, die das Leben der mittelalterlichen Stadt prägten. 42 Fenster in den Seitenschiffen und im Chorumgang sind Stiftungen der örtlichen Handwerkergilden. Des öfteren finden sich in diesen Fenstern kleine Scheiben, durch welche die Gilden an sich und ihren Beitrag zur Ausschmückung der Kathedrale erinnern wollen. Das Thema eines Fensters hat oft einen direkten Bezug zu der Zunft, die es stiftet. So wurde z.B. das Noah-Fenster, das den Bau der Arche zeigt, von den Zimmerleuten, Küfern und Wagnern gestiftet, die auf kleinen Scheiben bei der Arbeit zu sehen sind; ähnlich zwei Bäcker mit frischem Brot auf der Scheibe mit Mose und dem brennenden Dornbusch. Die Scheibe der Weingärtner zeigt die Verwendung des Weines bei der Messe.

Kathedrale von Canterbury von Südwesten.

Normannisches Kirchenschiff der Klosterkirche Great Malvern, Worcestershire.

Chorumgang; Kathedrale, Chartres.

Die 64 Lanzett- und Rundfenster in Untergeschoß, Chorumgang und Seitenschiffen illustrieren die biblischen Geschichten und das Leben der Heiligen. Sie sollten auf die Gläubigen einen erzieherischen Einfluß ausüben. Deshalb befanden sie sich an gut sichtbaren Stellen. Diese Fenster waren tatsächlich die Bibel des Volkes, das so die zentralen biblischen Geschichten – z. B. das Gleichnis vom barmherzigen Samariter oder die Ankündigung der Geburt Jesu – kennenlernen konnte, auch ohne sie im Buch nachzulesen. Die Beschäftigung mit den Fenstern von Chartres ist ein lebenslanger Prozeß. Man hat die gotische Kathedrale als Palast der Jungfrau oder als Vision des Neuen Jerusalem bezeichnet. Vielleicht erlebt auch noch der moderne Mensch unserer Tage durch das mystische Licht von Chartres eine innere Umwandlung.

Die Kathedrale von Canterbury

Wie Chartres hat auch Canterbury eine lange, wechselvolle Baugeschichte und eine Reihe hervorragender Glasfenster. Zur Herkunft dieser Fenster sind viele Hypothesen aufgestellt worden; ihre erstklassige Qualität war jedoch immer unbestritten. Die heutige Kathedrale wurde 1184 fertiggestellt, nachdem man 1174, nach einem verheerenden Brand, mit dem Wiederaufbau begonnen hatte, zuerst unter Wilhelm von Sens, dann unter Wilhelm dem Engländer als Baumeistern. Die ältesten Glasscheiben befinden sich in der Rose im Norden; sie stammen wahrscheinlich aus dem Jahre 1178. Dieses große Fenster zeigt mehrere biblische Themen, z.B. Mose mit den Gesetzestafeln und die vier großen Propheten Jesaja, Jeremia, Hesekiel und Daniel. Dies ist die einzige noch erhaltene Rose des 12. Jahrhunderts in England. Eine Fensterreihe im Obergaden des Chors enthielt ursprünglich 84 Figuren, die die Vorfahren Jesu darstellten. Nur neun dieser Fenster sind erhalten geblieben, auch sie von hervorragender künstlerischer Qualität.

Das Ulmer Münster

Das Münster von Ulm in Süddeutschland ist wohl in erster Linie ein Dokument des mittelalterlichen Bürgerstolzes. Der Baubeginn war 1377 unter Heinrich Parler; hervorragende Baumeister wie Ulrich von Ensingen, der den gewaltigen Turm baute, und Matthäus Böblinger setzten das Werk fort. Der vorzüglichen Qualität der Maurer- und Steinmetzarbeiten stehen die Glasfenster in nichts nach. Zu erwähnen ist eine »Wurzel-Jesse«-Darstellung mit 12 Propheten und Königen. Sie ist ein Werk von Peter Hemmel aus Andlau (15. Jahrhundert), dessen Scheiben wegen der naturalistischen Darstellung und den leuchtenden Rot- und Blautönen berühmt sind. Zum Ruhm des Ulmer Münsters trug auch die Künstlerfamilie Acker bei, deren Mitglieder bedeutende Glasfenster schufen. Von ihnen stammen wahrscheinlich auch die ältesten Fenster, zwei Fenster im Chor, die das Leben Marias und ihrer Mutter Anna darstellen. Jedoch sind wohl die Fenster, die Hans Acker für eine Kapelle der wohlhabenden Familie Besserer schuf, die schönsten. Der Reiz der verhältnismäßig kleinen Fenster der sogenannten Besserer-Kapelle liegt darin, daß man in ihnen eine sonderbare Mischung von Raffinesse und Naivität entdecken kann. Im Noah-Fenster taucht der alte Mann aus einer großen Luke in der puppenhaften Arche auf, während seine Kinder sehnsüchtig aus den Fenstern im Schiffsleib nach Land Ausschau halten.

Der Dom in Florenz

Der Florentiner Dom ist ein anderer weltberühmter Kirchenbau, besonders wegen seiner großen Kuppel, die von dem örtlichen Architekten Filippo Brunelleschi entworfen wurde. Daneben besitzt er eine Reihe hervorragender Glasfenster, die von italienischen Künstlern stammen. Der Bau des Domes wurde 1300 angefangen, Kriegseinflüsse, lokale Zwistigkeiten und die Macht der örtlichen Gilden hemmten jedoch einen zügigen Baufortschritt. Die große Kuppel wurde erst zu Ende des 15. Jahrhunderts erstellt, als die technischen Probleme hierfür gelöst waren. Der Dom hat elf Rundfenster mit Glasmalereien, zehn sind von der Hand bedeutender Künstler des 15. Jahrhunderts: Ghiberti, Donatello, del Castagno und Uccello. Im Gegensatz zur Rose der Gotik hatten diese Rundfenster im Innern keinerlei Mauerwerk, so daß der Künstler die gesamte runde Fläche zu seiner Verfügung hatte. Das Glas war nur von einem Metallgitter durchzogen. Uccellos Rundfenster, wel-

Simson und der Löwe; Mülhausen, Elsaß (s. Seite 40).

Die Kirchen

che die Geburt und die Auferstehung zeigen, sind von beeindruckender Schönheit und zeigen seine Kunst, die biblischen Geschichten durch eine naturalistische Darstellung von neuem verständlich zu machen. Das Rundfenster von Andrea del Castagno zeigt die Kreuzabnahme. Ghiberti schuf drei Rundfenster, welche die Himmelfahrt, Jesus im Garten Gethsemane und seine Darstellung im Tempel zeigen. Aus Ghibertis Hand stammen mindestens elf der Apsis- und Kapellenfenster; eigenwillige Entwürfe und reiche Kolorierung zeichnen sie aus. Die Künstler, die diese Fenster schufen, waren auffallend vielseitig. Lorenzo Ghiberti war Goldschmied, arbeitete in Bronze als Bildhauer, war Maler und Architekt. Donatello kann man als Vater der modernen Baukunst bezeichnen, Paolo Uccello und Andrea del Castagno schufen vor allem noch großartige Fresken für den Florentiner Dom.

Klosterkirche von Great Malvern

Im England des Mittelalters besaßen nicht nur die großen Kathedralen Glasfenster von ausgezeichneter Qualität. Manchmal fanden sich auch qualitativ höchst wertvolle Scheiben in kleineren Kirchen, die Klosterkirche von Great Malvern ist hierfür ein gutes Beispiel. Die Kirche wurde wieder aufgebaut im Jahre 1460, kurz danach besaßen alle 40 Fenster Glasmalereien, von denen ein großer Teil sich bis heute erhalten hat.

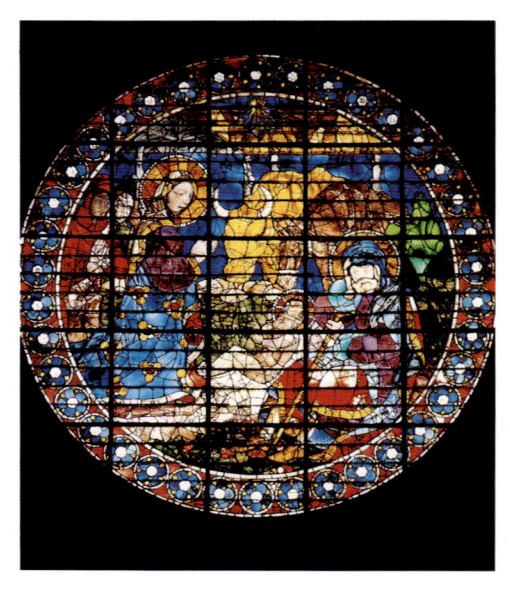

Die Geburt Jesu, Lünette von Paolo Uccello; Dom, Florenz, 1443/4 (s. Seite 71).

Kathedrale von Chartres, Westansicht.

Rose und Galerie der Könige an der Westseite; Kathedrale, Chartres.

Fotografie im Dienst der Glasmalkunst

Wir begannen unsere fotografische Arbeit im Jahre 1971 und legten im Jahre 1976 den Band *Stained Glass* (bei Mitchell Beazley) vor. Anschließend fotografierten wir die gesamte Glasmalerei und Skulptur in Chartres. Unsere Absicht war, einen Band mit biblischen Geschichten, wie sie die Glasmalerei erzählt, herauszubringen, ein Ziel, das wir nun mit dieser Ausgabe verwirklicht haben. Unser Wunsch ist, daß der Leser beim Betrachten dieser Bilder die gleiche Freude empfinden möge wie wir bei den Aufnahmen. Unser besonderer Dank gilt denen, die uns die Erlaubnis zum Fotografieren gaben, nicht zu vergessen diejenigen, die uns bei der Installierung der zur fotografischen Arbeit benötigten Gerüste und Leitern halfen. Es versteht sich, daß man für eine gute Aufnahme so nahe wie möglich an das Fenster heran muß; im Kölner Dom benötigten wir sogar eine Feuerwehrleiter. Auf den Leitern benutzten wir eine Sinar-Klemme mit Verlängerung, die Verwacklungsfreiheit gewährleistet, da die Pentax 6 x 7 mit Objektiv bis zu 4 kg wiegen kann. Auf alle Fälle hatten wir uns mit Seilen gesichert, falls doch einmal etwas ins Rutschen käme.

Die Belichtungszeit schwankte zwischen einer und zehn Sekunden; dennoch benutzten wir keinen Selbstauslöser. Mit der Kamera fest im Griff hielten wir den Atem an und drückten ab. Ganz wichtig war der Asahi-Spot-Belichtungsmesser mit seinem 1°-Meßfeld. Die TTL-Messung ist hier unbrauchbar, weil sie falsche Werte anzeigt. Bei Arbeiten auf dem Gerüst verwendeten wir ein Bilora- oder Kennet-Stativ mit einem Linhof-Kopf. Wir verwendeten mehrere Objektive: das 55 mm Weitwinkel-, das 75 mm Shiftobjektiv (das letztere ersparte uns das mühsame Verschieben des Gerüstes), das 105 mm Normalobjektiv, sowie 135 mm, 200 mm, 300 mm und 400 mm Teleobjektive, das letztgenannte übrigens, um ein Detail einer Rose vom gegenüberliegenden Triforium oder Obergaden aus aufzunehmen. In kleineren Kirchen legten wir eineinhalb Meter lange Bretter über die Kirchenbänke und balancierten Trittleiter und Stativ in die richtige Position. Wir hatten hierfür immer die Genehmigung der zuständigen Stelle; denn es war uns stets ein Anliegen, auch während der Arbeit es nicht an der nötigen Ehrerbietung diesen Meisterwerken gegenüber fehlen zu lassen.

Wir fotografieren niemals Fenster bei direkter Sonneneinstrahlung, sondern ziehen einen trüben Tag entschieden vor; dikken Nebel finden wir sogar ideal. Bäume können unerwünschten Schatten auf ein Fenster werfen oder scheinen sogar grün durch das Glas hindurch. Bei diesen Mißlichkeiten hält Laura außen vor dem Fenster ein zwischen zwei langen Stäben gespanntes weißes Tuch; allerdings klappt diese Prozedur nur bei kleinen Kirchen. In Spanien, wo die Glasfenster oft zu öffnen sind, haben wir bei Temperaturen bis zu 49° auf den Dächern der Seitenschiffe gearbeitet, um durch das geöffnete Fenster das Fenster der gegenüberliegenden Seite des Schiffs zu fotografieren.

Wir verwenden nur Ektachrom-Filme, früher den 64er, heute den 100er. Diese langsamen Filme nehmen wir, weil die 200er und 400er zum Blaustich neigen. Laura notiert alle Einzelheiten jeder Aufnahme: Datum, Tageszeit, Ort, Objekt, Objektiv, Blende, Belichtungszeit und Wetter. So ist gewährleistet, daß, falls eine weitere Aufnahme benötigt wird, z.B. auch nach einer Reinigung oder Restaurierung des Fensters, wir unter genau den gleichen Bedingungen diese Neuaufnahme machen können.

Sonia Halliday

Fenster aus dem 19. Jahrhundert mit der Darstellung der Erneuerung der Kirche im 17. Jahrhundert, südliches Seitenschiff des Chors, Kathedrale, Lichfield, Staffordshire.

Die Autorinnen bei Aufnahmen in der Kathedrale von Lichfield.

Verzeichnis der Bibeltexte

1. Mose

1,1-11.12b-13	12
2,15.18-25; 3,1-11.17-19.23-24	14
4,1-9	16
6,9b.11.13-22; 7,11-12.21-22; 8,1-2.6-11	18
11,1-9	20
17,1-4.6-8.15.16a.c.17.19.22b	22
22,1-2.6-12	24
28,10-17	26
37,3-8a.12-13a.14a.18-20.23-24	27
40,1-23	28

2. Mose

3,1-8a.10	30
14,9a.10a.c.11a.12-17	32
20,1-17	34

4. Mose

13,1-2a.17a.18-20a.21.23.25-28; 14,1-3	36
22,23-28.31a.	38

Josua

6,1-5	39

Richter

6,33-34a.35a.36-38a.39-40	40
16,1-3	41

1. Samuel

3,1-21	42
16,1a.c.3-4a.5b-8.10-13a	46
17,43a.44-46	48
18,6-12	44
19,9-16	50
31,1-6	45

2. Samuel

23,1-6a.7b	51

1. Könige

10,1-10.13	52
12,33; 13,1-5	54

2. Könige

2,1-18	56

Jesaja

11,1-2.4-10	46

Daniel

3,22b-26	59
6,17-18a.20-24	58

Amos

5,1-7.11-12.21-24	60
7,10-17	60

Jona

2,1-8.10-11	62

Matthäus

2,1-8.9b-11	74
2,12-18	76
2,19-23	79
4,1-11	84
5,1-10.13-16.21-24.27-28.33-41.43-48	88
13,1-35	102
13,47-50	96
14,13-20	92
14,22-33	95
21,1-11	108
21,12-17a	110
26,57-75	120
27,15-26	117
27,27-30	118
27,33-44	124
27,45-54	126
27,55-61	128
27,62-66	129

Markus

1,9-11	83
1,16-20; 4,35.37-41	87
8,22-25	94
9,2-10.14-27	104
14,43-50	114
16,1-8	130

Lukas

1,26-38a	68
1,57-58.67-68.76-80	80
2,1-7	70
2,8-19	72
2,41-51a	82
7,36-50	106
10,25-37	100
15,1-32	96
22,39-46	112
23,26-31	122
24,13-35	134

Johannes

2,1-11	90
8,3-9	106
13,2-8.12-15	111
19,25-30	126
20,11-17a	133
21,1-14	136
21,15-25	138

Apostelgeschichte

1,1-14	140
2,1-18.21-24.33.36	142
3,1-21.25-26	144
9,1-9	147
12,5-9a	146

Philipper

1,1.12-14; 4,10-14.17-19	148

Offenbarung

6,1-8a	151
21,1-85a.6b-8	152

Ortsverzeichnis

Allerton 83
Arezzo 107, 110
Arnstein 31

Begbroke 27
Bishopsbourne 20
Bourges 9, 151
Bradfield 136
Brampton 80

Canterbury 22, 25, 43, 50, 54, 55, 60, 65, 74, 76, 91, 103, 149, 154, 155
Castle Howard 69
Châlons-sur-Marne 70, 72, 77
Chartres 24, 41, 45, 47, 101, 154, 155, 156
Coignières 122, 138
Darmstadt 59, 95, 134
Dreux 93, 112, 135

Eaton Bishop 81, 127
Esslingen 40
Exeter 58

Fairford 133, 152, 153
Florenz 71, 128, 155, 156
Freiburg i. Br. 68, 78, 112, 140

Georgeham 137
Gouda 53, 82, 123, 143
Great Witley 35, 145
Great Malvern 11, 23, 30, 33, 154, 156

Hillesden 96, 97, 99, 102

Köln 75, 87, 117, 118, 124
Köln-Kalk 18
Königsfelden 125, 130

Lancaster 94
Le Mans 141
Lèves 86
Lichfield 157
Lincoln 19, 32, 39, 42, 146 (2mal)
Littleham 100
Llanrhaeadr 51
Llanwenllwyfo 106, 114, 126, 132
London 84, 85, 92
Löwen 38, 61

Marston Bigot 36
Middleton Cheney 16
Mulbarton 14, 148
Mülhausen 13, 21, 40, 44, 50, 58, 63, 155
Münster 31, 51, 56

Norwich 49, 73, 89
Nowton 79
Nürnberg 37, 98, 111

Oxford 48, 57

Paris 8
Prees 139

Rivenhall 129

Salisbury 121
Shrewsbury 38, 61
Soest 110
St. Florentin 12, 150
St. Neot 66 (2mal), 67 (2mal)
Stoke d'Abernon 116, 125
Straßburg 108

Toledo 70
Troyes 14, 84, 85, 92, 119, 131

Ulm 17, 34, 71, 109, 113, 115, 120, 142, 155

Vermeuil 105, 118

Wells 29
Wragby 26

York 147

Verzeichnis der Künstler

Acker, Hans 17, 71, 109, 113, 115, 142
Béranger 112
Bonifacio, Pedro 70
Brown, Ford Madox 16
Burne-Jones, Edward 48, 69, 80, 83
Castagno, Andrea del 128
Crabeth, Wouter 53
Larivière, Charles 112
Linge, Abraham van 57
Loire, Gabriel 86, 121, 122, 138
Marcillat, Guillaume de 107, 110
Meister Gerlach 31
Meistermann, Georg 18
Morris, William 16
Murer, Christoph 98
Präraffaeliten 16
Price, Joshua 35, 145
Raffael 139
Stockhausen, Hans Gottfried von 34, 120
Uccello, Paolo 71
Wailes, William 136

ISBN 3—438—04483—8

© Deutsche Bibelgesellschaft, Stuttgart 1991
Originaltitel »The Bible in Stained Glass«
© Three's Company London 1990
Englische Ausgabe Bible Society, Swindon 1991
Amerikanische Ausgabe Morehouse Publishing Company, Wilton 1991

Gestaltung Peter Wyart
Fotos © 1990 Sonia Halliday und Laura Lushington,
unter Verwendung einer Pentax 6 x 7 Ausrüstung
Bildlegenden © Laura Lushington
Bibeltexte nach der Lutherbibel, revidierte Fassung 1984
© Deutsche Bibelgesellschaft Stuttgart 1984
Deutsche Übersetzung Gertrud Seizinger

Internationale Koeditionen und Herstellung durch
Angus Hudson Ltd London

Alle Rechte vorbehalten
Jede Form der Reproduktion sowie der Speicherung auf
elektronischen Medien nur mit Genehmigung des Verlags
Printed in Singapore